KB248500

희망의 학교를 꿈꾸다

혁신학교 성공 모델, 장곡중학교 4년간의 성장 기록

희망의 학교를 꿈꾸다

박현숙 (시흥 장곡중학교 수석교사) 지음

20년차 교사의 고민에서 시작된
혁신의 첫 발걸음

2011년 1월, 경기도 교육청에 근무하는 한 주무관이 시흥시 장곡동으로 이사를 왔다. 시흥시는 10여 년 전에 개발되어 아파트 단지인 주거 지역과 농사를 짓는 논밭, 그리고 공단지대로 이루어진, 인근의 광명·안산·부천과 같은 대도시에 비해 다소 낙후된 중소도시다. 그래서 이 지역의 부모들은 공부를 잘하는 자녀가 고등학생이 되면 광명이나 부천, 안산으로 '유학'을 보낸다.

그런데 경기도 교육에 대해선 최고 수준의 정보를 가진 도 교육청 주무관이 초등학교 5, 6학년인 자녀들의 교육을 위해 이런 지역으로 이사를 왔다.

그는 "장곡중학교만 혁신학교일 때는 이사를 해야겠다는 생각이 없었습니다. 아내를 설득할 수도 없었습니다. 그런데 시흥이 혁신교육지구로 지정되면서 장곡동에 있는 장곡중학교 선생님들과 응곡중학교 선생님들이 함께 수업을 변화시키고 있다는 것을 알고 아이들을 전학시킬 결심을 하게 되었습니다. 이제 선생님들이 우리 아이들 교육을 책임지십시오" 하면서 웃었다.

이 말을 듣는 순간, 엄청난 무게로 다가오는 책임감과 미래에 대한 두려움도 있었지만 다른 한편으로는 우리가 일으킨 변화가 인정을 받고 있다는 데 대한 기쁨도 컸다.

"처음에 아내는 계속 반대했지만 집을 구하는 과정에서 오히려 아내가 서둘러 아이들을 전학시키자고 했어요. 공인중개사가 '저도 장곡중학교 학부모인데 학교에 보내면 걱정이 안 된다. 아이가 학교가 재미있고 좋다고 하니까 안심이 된다'고 하는 이야기를 듣고 아내가 당장 전학시키자고 했어요." 그는 자녀 둘을 전학시키고 지금은 우리 동네 주민이 되었다.

이런 일도 있었다. 수업 공개 후 협의회 과정에서 수업을 공개한 반의 담임선생님의 이야기를 통해 알게 된 일이다.

장곡동이 아닌 인근 마을에서 초등학교를 다닌 S는 처음에는 학교에 가기를 거부하면서 무던히도 부모 속을 썩였다. 그러다 "장곡중에 보내주면 학교에 다니겠다"고 해서 이사까지 하면서 장곡중학교에 입학을 시켰다는 것이다.

2011년에 S는 내 수업인 국어 시간에 가장 활발하게 발표하고 활동하는 아이였다. 다른 친구들에게 새로운 사고 방식을 보여주기도 하고, 그해 여름방학에는 친구까지 데리고 독서캠프에 와서 아주 열심히 활동을 하기도 했다.

현재 S는 우수한 성적으로 3학년에 재학 중이다. 1학년 3월 당시의 우울했던 모습은 찾아볼 수 없고, 친구들과 삼삼오오 모여 항상 활짝 웃으며 다니고 있다.

그렇다. 장곡중학교는 등교를 거부하던 아이마저도 방학 때 친구를 데리고 학교에 오게 만들고, 항상 웃게 만드는 행복한 학교다.

나는 아주 평범한 아줌마 교사다. 아침에 식구들의 출근과 등교 준비를 돕고 허겁지겁 출근해서는 수업 하고 돌아와서 빨래와 청소 등 집안일을 마무리하고 잔다.

그런데 교육과정이 바뀌면서 이렇게 특별할 것 없는 일상이 흔들리기 시작했다. 어느 순간부터 학생들이 내 수업을 듣고 있지 않았다. 나는 아이들이 대들고 욕하고 교실을 희화화하는 상황을 받아들이기 어려웠다. '수업을 제대로 하는 교사로 살아갈 수 있다'는 믿음과 함께 20년차 교사로서의 정체성이 흔들리고 있었다.

그것은 나만의 이야기가 아니었다. 내 주변의 동료 교사들도 무너지고 있었다. 그들도 '고문 같은 수업을 몇 년이나 더 버틸 수 있을까' '혹시 감정이 앞서 아이들을 상대로 사고를 치면 어쩌나' '남은 세월을 적당하게 버티는 것만이 해결책인가' 하는 고민에 빠져 절망하고 있었다.

아이들이 사라진 수업과 학교를 바라보는 마음은 결코 평온하지 않았다. 이대로 두어서는 안 되겠다는 생각이 들었다. 그런데 특별할 것

없는 20년차 교사가 과연 무엇을 할 수 있을지, 학교를 바꿀 수 있을지 확신조차 들지 않았다.

이렇게 고민을 하고 있을 때 혁신학교 정책을 만났다. 학교가 바뀌고, 아이들이 바뀌고, 구성원이 행복해진다는 혁신학교. 눈으로 보고 믿기 어려운 내용이었지만 막다른 골목에서 발견한 동아줄이 썩었는지 아닌지 확인할 겨를이 없었다. 우리는 그렇게 혁신학교라는 동아줄을 덥석 잡았다.

절망의 구렁텅이에서 벗어나기 위한 동아줄을 잡았으니 우리의 목표는 한 가지, 행복한 혁신학교를 만드는 데 매진하는 것이었다. 모두 힘을 더하면 조금은, 아주 조금은 무언가 바꿀 수 있을 거라는 믿음이 생겼다.

4년이 지난 지금, 우리는 행복하게 바뀌어가는 학교를 보며 매일매일 신명나게 다니고 있다. 그리고 우리 학교는 수업 혁신으로 유명해졌다.

이 책에서 나는 혁신학교를 향한 4년 동안의 도전과 성장 기록을 기쁜 마음으로 소개했다. 변화의 시작은 나부터였다. 내가 변화하자 학교가 달라졌다. 달라진 학교는 나를 행복하게 했고 또한 내 동료와 아이들을 변화시키고 성장하게 했다. 그리고 나는 이제야 진정한 교사가 되어가고 있음을 느낀다.

이 시간 동안 나는 진정으로 아이들만을 오롯이 바라보고 아이들의 미래를 걱정하게 되었다. 내가 발견한 '혁신학교의 우물'에서 샘솟는 맑은 물을 다른 이들과 나누고 싶다. 그리고 대한민국의 모든 학생과 교사들이 행복한 학교에 다니기를 기대해 본다.

아이들을 키우는 것은 콩나물 시루에

물을 주는 것과도 같다고 했습니다.

아이들을 교육시키는 것은 매일 콩나물에 물을 주는 일과도 같다고

했습니다.

물이 다 흘러내린 줄만 알았는데,

헛수고인 줄만 알았는데,

저렇게 잘 자라고 있습니다.

물이 한 방울도 남지 않고

모두 다 흘러버린 줄 알았는데

그래도 매일매일 거르지 않고 물을 주면,

콩나물처럼 무럭무럭 자라고 있습니다.

보이지 않는 사이에 우리 아이가

—이어령, 『천년을 만드는 엄마』 중에서

2013년 7월

박현숙

차례

3장 학교의 기적 사랑과 믿음을 키우다

4장 학교의 미래 지속가능한 성장의 비결을 찾아서

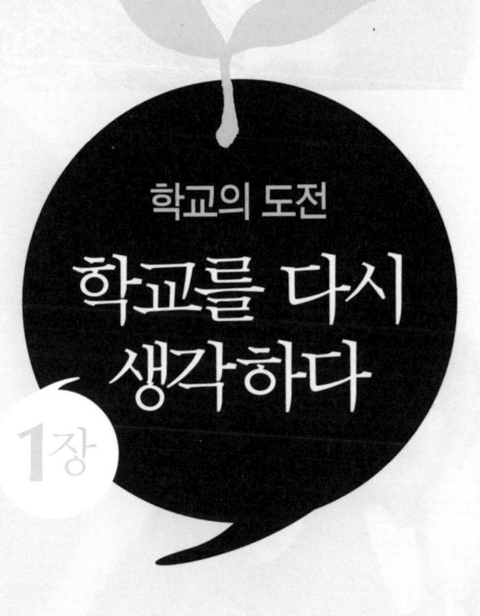

1장
학교의 도전
학교를 다시 생각하다

학교에서 멀어진 교사와 아이들

2009년까지 장곡중학교는 대한민국의 아주 평범한 중학교였다. 수도권의 중소도시, 평범한 아파트 단지 안에 위치한 중학교. 게다가 학교 주변에는 논밭—그중에서도 지역 특산물인 포도밭이 있는데, 혁신학교가 된 후 이 밭은 아주 훌륭한 교육 장소가 되었다—이 있어 참 조용했다.

이처럼 비교적 교육 환경이 좋았지만 학교 분위기는 그렇지 않았다. 학생들이 수업을 잘 듣고 교사의 지시를 곧잘 따르기만 하는 것은 아니었다. 현재 많은 학교들이 갖고 있는 문제들로 당시 장곡중학교 역시 골머리를 앓고 있었다.

전교생이 1,000명도 넘는 학교였기에 학생부장은 문제를 일으킨 학생들을 데리러 경찰서를 시시때때로 드나들었다. 신문이나 방송에만 나오지 않았을 뿐이지 말로 표현할 수 없는 사건이 숱하게 일어났다. 그러한 문제 때문에 전학을 가는 학생, 담임교사와 며칠 동안 교무실에서 실랑이를 벌이는 학부모들…….

교사들은 이러한 장면을 목격하더라도 괜히 끼어들고 싶어 하지 않았다. 이 모든 것은 어떤 학교에서든 종종 벌어지는 일이라고, 다만 우리 반에서는 일어나지 않았으면 좋겠다고 생각할 뿐이었다.

물론 그렇지 않은 사람도 있었지만 교사들은 수업 외에는 공문을 처리하거나 관리자가 시키는 일을 하면서 시간을 보냈고, 대부분의 교사가 모든 수업이 끝나는 오후 4시 30분이 되면 일찌감치 교문을 나섰다.

한 해에 한 번 이상은 부모들끼리 학생 문제로 고소를 하기도 했다. 그러니 학교 분위기는 점점 나빠지고 교사가 수업에 전념할 수 없는 상황이 몇 달씩 지속되었다. 학부모와 학생은 학교를 믿지 못했기 때문에 서로 가슴앓이만 할 뿐이었다.

교사와 학생이 행복하지 않은 학교

혁신학교가 되기 전인 2009년까지 교칙 위반으로 많은 학생들이 학생부에 끌려왔다. 특히 3학년 학생들이 두드러지게 많았는데 아이들이 학업을 완전히 포기하고 가장 공격적인 성향을 보이는 시기여서 그런 것 같다. 수업 중에 엎드려 자는 일은 예사고, 깨우는 교사에게 화를 내고 욕을 하는 학생도 있었다. 힘없는 여교사가 남학생을 깨우다가 봉변을 당하는 경우도 종종 일어났다.

너무 말을 안 듣는 학생은 체벌을 했었는데, 간혹 학부모들이 그 일로 학교에 찾아오기도 했다.

이렇게 학교에서 벌어지는 좋지 않은 일들이 모두 모이는 장소가 바로 학생부였다. 학생부는 늘 많은 학생들로 북적였고, 학부모들의 방문도 줄을 이었다.

학생들이 처음부터 이렇게 교사를 함부로 대했던 것은 아니었다. 90년대까지만 해도 학생들은 교칙을 지켰고 교사들은 교실에서 '가르치고 있다'고 느꼈으며, 졸던 학생은 교사에게 미안해하고 고마워했다. 그랬던 학생들이 심하게 변하기 시작한 것은 아마 7차 교육과정이 시작되고부터가 아닌가 짐작을 해본다. 적어도 그 이전까지는 학생들이 이렇게까지 교사에게 적대적이지 않았던 것으로 기억한다.

7차 교육과정이 시작되면서 교실의 모든 것이 조금씩 변했다. 담임교사가 학급 학생들과 함께할 수 있었던 HR(학급회의) 시간이 시간표에서 사라졌다. 영어·수학 과목은 수준별로 반 편성이 되었고, 수행평가가 도입되었다. 교무업무는 컴퓨터로 처리되면서 교사들은 학생들의 얼굴 대신 컴퓨터 모니터를 더 많이 보게 되었다.

예전엔 학급회의 시간이면 '수업 시간에 조용히 하자'라든가 '고운 말을 쓰자' 등 다소 시시하기도 하고, 결론도 뻔히 짐작되는 주제로 학급 전체가 의견을 나누었다. 이런 일들이 마치 시간을 낭비하는 것처럼 보이지만, 이 시간을 통해 학생들은 한 인격체로서 사회를 살아가며 지켜야 할 도리를 깨닫는다. 아이들은 서로 의견을 나누면서 도덕과 양심을 익힐 수 있다. 그렇기 때문에 비교과 시간은 인성을 교육하는 소중한 시간이었다.

또한 담임교사가 학급 학생들과 온전히 함께 보내면서 민주 시민의 바탕이 되는 교육이 이루어졌다. 교사와 학생이 소통하고 담임교사가 학생들을 이해하고, 학생과 학생이 교류하면서 관계가 형성되었다.

감정의 교류가 있어야 배움이 일어난다는 것은 이미 교육학적으로 밝혀진 사실이다. 나 역시 자신이 좋아하는 선생님 시간에 더 열심히 공부하고, 시험 성적도 더 좋았으며, 대학 진학 시 학과를 정할 때도 그 선생님의 영향을 받게 된다는 것을 경험적으로 안다.

그만큼 교사와 학생의 원활한 소통과 끈끈한 교류는 학생의 인생에까지 영향을 미친다. 그런데 이런 시간들이 다른 이름으로 대체되고 다른 행사들로 채워지기도 했다.

또한 모든 과목에 수행평가가 도입되면서 학생들은 완벽하게 학급 친구들과 경쟁자가 되었다. 이것은 솔직히 말하면 '수행평가'라는 제도의 탓은 아니다.

일반적으로 학생들의 실력은 대개 비슷하지만, 특정 학급의 수행평가 점수가 현저히 낮을 수도 있다. 이런 반은 지필평가 점수도 낮은 편이다. 그럼에도 교사들은 다른 반과 균일하게 평균을 맞추어 점수를 준다. 따라서 아주 뛰어난 반과는 격차가 있겠지만, 각 학급별로 수행평가의 평균 점수는 큰 차이가 없다.

한 반에서도 마찬가지이다. 아이들은 수행평가 점수는 옆의 친구와 크게 차이가 없으니, 지필평가 점수를 잘 받아야 한다고 생각했다. 학생들에게 지필평가는 곧 자신의 실력을 의미했다.

이렇게 각 반마다 평균을 일정하게 맞추는 교사들의 행동은 대체적으로 학생들을 위하는 마음에서 비롯되지만, 결국 아이들이 본능적으로 옆 친구를 경쟁상대로 인식하는 결과로 나타났다.

이런 여러 가지 상황들이 얽히고 얽힌 결과 학생들은 같은 학급 아이들을 친구가 아니라고 말하기 시작했다. "같은 반 친구 아니냐? 도와줘라" 하고 교사가 말하면, 학생들은 "쟤는 제 친구 아닌데요"라고 대답했다. 그러면서 같은 학원에 다니는 친구만을 친구라고 인정했다.

교실에서 교사와 학생들의 소통이 끊어지면서 수업 속에서 학생들은 배우지 않았다. 수업 시작을 알리는 종이 쳐도 교실에 들어가지 않고 복도에 우르르 몰려다니고 교실에 우뚝우뚝 서 있는 학생들을 교사들은 억지로 자리에 앉히고 잔소리로 수업을 시작했다.

잔소리로 시작하는 수업이 편안하고 재미있을 리 없다. 잔소리로 말문을 여는 교사가 부드럽고 편한 얼굴로 아이들을 대할 리 없다. 결국 배움을 잘 만들어갈 수도 없다.

학생들은 학교를 지겨워했고 수업을 거부했다. 몸은 교실에 앉아 있지만 정신은 딴 데 가 있기 일쑤였다. 한 반에 멍한 표정으로 가만히 앉아 있는 학생들이 5~6명도 더 되었다. 학습용 칼로 지우개를 조각조각내어 교실 여기저기에 던지는 장난을 치면서 시간을 때우는 학생들도 한 반에 몇 명씩은 꼭 있었다.

학교에서 배우기를 거부하는 학생들이 시간이 지날수록 점점 늘어나면서 그 피해는 고스란히 다른 학생들에게로 되돌아갔고, 학부모는 학생들을 가르치기 위해 결국 학원으로 보내야 하는 악순환이 계속되었다.

혁신학교에서 발견한 '희망'

교사인 나는 열심히 가르친다고 애는 쓰고 있었지만 학생들의 눈빛을 보면 아이들은 배우고 있지 않았다. 그 사실은 교사를 좌절하게 만든다. 그렇지만 배우고 싶어 하지 않는 학생들을 억지로 가르칠 수는 없다. 이런 사실에 교사들은 더욱 고통스러워했다.

고통은 교사들에게만 있는 것이 아니었다. 학생들도 배우지 못하는 교실을 괴로워했다. 아이들에게는 학원에서 들었던 애기를 반복적으로 듣는 일도, 가만히 앉아 있어야 하는 일도 괴로웠다. 새롭게 배우는 내용도 없고, 수업을 열심히 들어봐야 시험에서 좋은 성적이 나올 것이라는 확신도 들지 않아서 수업을 잘 듣게 되지 않는다고 했다.

학부모들이 이런 사실을 알아가면서 '교사는 도대체 뭐하는 사람들인가?' '학교는 뭐하는 곳인가?' 하는 비판어린 생각들이 사회 전반으로 퍼졌다.

정부에서는 이를 바로잡기 위해 교사들을 바꾸려는 여러 가지 정책을 만들었고, 그 대표적인 정책이 '교원평가제'였다. 교사들을 경쟁시키면 교육의 질이 좋아질 것이란 생각에서 출발한 정책이었지만 생각처럼 좋은 효과를 내지 못했다.

교육은 서로 경쟁할 때보다 협력할 때 그 효과가 좋다. 현실적으로도 교사들은 경쟁보다 협력을 원했다. 그러나 사회 전반이 경쟁을 중요시하는 분위기에서 교사들만 경쟁을 피할 수는 없었다. 오히려 '경쟁이 학생들의 영혼에 상처를 낼 수도 있다'는 교사들의 생각이 '무능한 교사들의 변명'이라고 비난받았다.

이런 상황에서 더 많이 상처받고 좌절하면서 교직 생활을 그만두어야겠다고 생각하는 사람들은, 아이들을 가르치는 일에 온 열정을 쏟아 헌신한 교사들이었다. 그들은 자신의 열정과 진심이 통하지 않는 현실과 정책 속에서 더 이상 상처받고 싶어 하지 않았다. 자신이 하는 일이 단순히 밥벌이만을 위한 것이 아니라고 생각했기에 그동안 열심히 가르치고, 열정적으로 학생들을 사랑했던 교사들이 학교를 떠나야 할지 더 심각하게 갈등했다.

그때 경기도 교육청에서 '혁신학교 정책'이 나왔다. 돌이켜보면, 지금까지 교육 정책들은 무수히 쏟아져 나왔다. 사람들은 공교육이 부실해서 사교육이 날로 번성하며, 학부모들이 등을 돌리고 학생들은 학교를 싫어하며 이러한 이유 때문에 교사들의 권위는 추락할 대로 추락했다고 보았다. 대부분의 정책들은 이를 회복하기 위한 대책으로 나온 것들이었다.

그러나 그 대책들이 공교육의 기능을 크게 살려낸 것 같지는 않다. 오히려 새로 만들어진 정책들 때문에 생겨난 잡무와 공문, 전시성 행사에 교사들이 많은 시간을 빼앗겼다. 그러다 보니 수업이 뒷전으로 밀리기도 했으며, 학생들과 공감하고 소통하는 시간이 줄어들기도 했다.

아무리 좋은 정책이라도 교사들이 그 정책을 따라 움직이지 않으면 성공하기 어렵다. 왜냐하면 교육 현장에서 업무를 수행하는 사람이 교사이고, 그 교사들의 수업이 학생들에게 제대로 파고들 때 학교의 기능이 되살아나기 때문이다.

이렇게 되기 위해서는 교사들이 무엇을 가장 원하는지, 무엇을 절실하게 생각하는지를 알고 서로 소통해야 한다. 지금껏 교사들이 가장 절실하게 요구했던 것은 학급당 학생 수를 줄이는 것, 불필요한 잡무를 교사에게 시키지 않는 것, 교장의 독단적인 학교 운영이 아닌 구성원들의 의견이 반영되는 민주적인 학교 운영과 같은 것들이었다.

이런 내용들이 '혁신학교 정책'에는 담겨 있었다. 2009년에 접했던 혁신학교 계획서의 일부에는, "학급당 학생 수를 25~30명 수준으로 감축한다. 학교 운영의 민주화로 관리자에게 집중된 권한들을 아래로 이양하게 한다. 행정 업무 경감을 위한 행정 보조 요원을 두도록 한다. 학교에 상담사를 배치하여 교사가 다루기 힘든 학생은 전문가의 도움을 받도록 한다"는 대목들이 있었다.

이 정책에 교사들의 마음이 움직이기 시작했다. 학교에서 벌어지는 일이 남의 일이라며 참견하지 않고, 묵묵히 자신의 일만 하던 교사들조차 혁신학교 정책을 보고 나서 "어떻게 하면 혁신학교를 할 수 있죠?" 하고 관심을 나타냈다. 정말 놀라운 일이었다. 이런 정책이라면 한번 도전해 볼 만하다는 생각이 들었다. 그리고 나 역시 교사로서 이 일만큼은 최선을 다하고 싶었다.

어떤 일이든 시작이 쉽지 않고, 특히 성공할지 실패할지 확신할 수 없는 상황 속에서 학생들의 미래가 달린 교육은 더욱 신중해야 하기에 누구도 선뜻 나서지 않았다. 그러나 한편으로는 '현재보다 교육이 더 나빠질 수는 없을 것이다' '잘은 모르지만 변화가 필요하다'는 절박함이 있었기에 점점 더 많은 교사들이 혁신학교에 관심을 보이기 시작했다.

2

학교를
다시 생각하다

혁신학교를 언뜻 '지금껏 있었던 학교를 완전히 다른 틀로 바꾼 학교'로 이해할 수 있다. 그러나 '학교를 어떻게 완전히 바꿀 수 있을까?' 하고 스스로에게 질문했을 때와 마찬가지로, 혁신학교 만들기에 동참했던 교사들도 이 질문에 상당히 혼란스러워했다. 그런데 이 혼란을 정리하지 못하면 다른 사람들을 설득할 수 없다.

처음에는 혁신학교라는 용어 자체부터 명확하지 않았다. '혁신학교가 무엇일까?' '어떤 방법으로 학교를 혁신적으로 바꿀 수 있을까?' '학교를 바꾸었는데 오히려 학생들의 성적이 떨어지면 학부모들이나 교육청에서 가만히 있을까?' 이런 문제들은 상당한 고민거리였다.

그러나 혁신학교 정책이 생겨난 배경과 '혁신학교 추진 계획서'를 보니 학교를 어떻게 바꾸어야 할지 방향이 보였다. 그동안 하루하루 학교를 별 생각 없이 출퇴근 하던 교사들에게도 학교가 무엇 때문에 개혁의 요구를 받게 되었는지 한번쯤 진지하게 고민해 보고 성장하는 기회가 되었다.

과거 몇 년 동안 학교는 제대로 된 교육을 하지 못해 학생과 학부모에게 만족을 안겨주지 못했다. 사교육 기관으로 찾아드는 사람들의 숫자는 나날이 커져갔다. 학생들의 인성 교육조차 이루어지지 않고 있었다. 학생들이 상급 학교에 진학하거나 사회에 나갔을 때 학교에서 배운 내용을 큰 어려움 없이 적용하고 문제를 해결하는 능력을 키우는 것이 교육의 목표이다.

그런데 현재의 학교에서는 오직 입학시험을 위한 주입식 수업이 이루어졌고 학생들도 문제에 겨우 겨우 대처하고 있었다. 수업조차도 학생과 학부모의 만족을 주지 못했다.

이런 반성과 성찰이 뒤따르자 혁신학교의 방향이 잡혔다. 교육 전체를 학교가 담당하는 역할로 분명히 하되 미래를 살아갈 학생들이 사회에서 요구하는 재능들을 학교에서 준비하고 체험하도록 하는 것이었다. 배우는 즐거움으로도 학교 오는 것이 즐겁고, 선생님을 만나는 것이 친구를 만나는 것처럼 행복한 학교가 바로 혁신학교다.

좀더 구체적으로는 학교다운 학교, 배움이 있는 학교, 학생 자치력을 키우는 학교, 돌봄이 있는 학교, 친구가 있고 선생님이 있어 즐거운 학교를 만들어서 공교육의 본질을 이룩하는 것이 바로 우리가 꿈꾸던 학교다.

혁신학교가 되기로
결심하다

장곡중학교는 경기도 교육청의 혁신학교 정책을 알게 된 교사들이 독서 모임을 꾸리고 함께 모인 교사들에게 혁신학교를 알리면서 첫 발걸음을 뗐다.

많은 교사들이 학교가 변해야 한다고 생각은 하지만, 정작 생각을 하는 교사 스스로 직접 나서서 학교를 바꾸는 일을 하지는 않는다. 그러나 이런 생각을 하는 교사들은 계기만 주어지면 기꺼이 학교를 변화시키는 일에 참여하려고 한다.

혁신학교 정책이 바로 그러한 시기에 나왔다. 교사들 스스로 학교에 어떤 변화가 있어야 한다고 생각하던 시기, 그 때 혁신학교 정책을 접한 교사들은 그 일을 해야겠다는 생각을 했다. 동시에 자신과 같이 학교가 변해야 한다고 생각하는 주변의 교사들에게 함께하자고 설득하기 시작했다.

한 사람이 구성원 전체를 설득하기란 어려운 일이지만, 여러 사람이 자신과 친한 사람 혹은 주변에 있는 3~4명의 구성원들을 설득하는 것은 생각처럼 그렇게 어려운 일이 아니었다. 한 학기에 걸쳐 조금씩 구성원을 설득하자 나중에는 전체가 혁신학교 정책 정도는 알게 되었으며, 그중 몇몇은 정책적으로 교사들을 위한 지원이 있는 학교라면 해볼 만하다고까지 생각하게 되었다.

이처럼 당시 구성원을 설득하는 작업 중 가장 중요한 일이 혁신학교의 정책을 바르게 알려주는 일이었다. 왜냐하면 이 정책을 듣고 솔깃해하지 않는 교사는 거의 없었기 때문이었다.

실제로 2009년 12월, 혁신학교를 할 것인가 말 것인가에 대해 전체 교사들이 찬반 투표를 하기 직전에, 교사들에게 혁신학교 정책을 한 번 더 상세하게 알려준 것이 결과에 큰 영향을 미쳤다. 혁신학교 신청에 반대표가 1표라도 더 나오면 그 상황에서는 더 이상 혁신학교 이야기를 꺼낼 수 없게 된다. 이미 투표 결과가 나왔는데 그걸 부정하고 다시 투표를 하자고는 할 수 없기 때문이다.

장곡중학교의 많은 교사들이 투표하기 직전에 혁신학교 정책을 들은 후 찬성 쪽으로 마음을 굳혔다고 한다. 학급당 학생 수를 줄인다거나 행정 업무를 경감하고 수업을 지원한다는 것들은 교사들에게 매력적인 정책이기 때문이었다.

52명 교직원 중에 반대한 사람은 9명밖에 없었다. 그리고 40여 명이

넘는 교사가 혁신학교를 찬성한다는 결과는 이후 학부모의 동의를 얻어내는 데도 큰 역할을 했다.

학부모를 설득하다

지금은 학부모가 혁신학교를 지정해 달라고 교육청에 요구하는 경우도 있지만, 2009~2010년만 해도 혁신학교는 학부모에게 그리 매력적이지 않았다. 학부모에게 혁신학교는 여느 일반 시범학교와 별반 다를 바 없는 학교로 느껴졌다고 했다.

게다가 혁신학교로 지정이 되면 교사들이 수업보다는 다른 일에 허덕이는, 좀더 구체적으로는 수업보다 다른 시범적인 활동 때문에 수업을 소홀히 하고, 어떤 좋은 결과를 내기 위해 학생들을 이용한다고 오해하는 학부모들도 있었다.

그러나 당시 교사들의 투표 결과, 높은 찬성률은 반신반의하던 학부모들을 설득시키는 결과를 낳았다. 학부모들은 그 일의 성격이 어떠하든 교사들이 어렵고 힘든 일을 하겠다고 결정을 내린 데 의미를 두고 교사들이 하고자 하는 일에 힘을 실어줘야 한다고 생각했다는 것이다.

'다른 학교 교사들은 힘들어서 하지 않겠다고 하는 일을 저렇게 많은 교사들이 하고 싶어 하는데, 굳이 반대할 이유가 없다. 이럴 땐 선생님들에게 힘을 실어주어야 한다.'

학교운영위원회에서 학부모들은 혁신학교 신청에 100퍼센트 찬성을 하였고, 학교운영위원 모두가 나서서 혁신학교 신청에 동의하도록 학부모들에게 전화까지 걸어, 혁신학교 추진에 박차를 가하도록 도와주었다.

장곡중학교 외에도 이런 방법으로 혁신학교를 시작하고 정착에 성공한 학교는 전국적으로도 여러 곳에서 찾아볼 수 있다.

전주 덕일중학교는 지금 전라북도에서 혁신학교로 정착한 학교다. 이 학교도 처음에 혁신학교를 하고자 하는 교사들이 다른 교사들을 설득하기 시작했다. 관리자의 적극적인 지원도 따랐다.

혁신학교 초창기에는 관리자가 지원하지 않는 경우도 있었으나 이미 정착된 혁신학교의 바람직한 결과를 보고 요즘은 적극적으로 지원하고 추진하려는 관리자들이 많아졌다. 이런 점은 혁신학교가 전국적으로 확산되는 데에 영향을 미쳤다.

덕일중학교에서도 혁신학교를 하고 싶어하는 10여 명의 교사들이 가장 먼저 독서 모임을 열어 혁신학교에 대한 상을 함께 고민하고, 논의하는 자리부터 만들었다. 처음에는 독서 모임이라고 했지만 책을 읽는 것보다는 모여서 이야기를 나누는 친목적인 성향이 강한 모임이었다.

그 모임에서 주도적인 역할을 한 교사들이 혁신학교에 도전하자고 의견을 내었고, 나머지 교사들도 그 의견에 동의하고 적극적으로 혁신학교를 만드는 일에 앞장섰다.

특히 가장 어렵다는 수업 공개도 나서서 하고 수업연구회도 열정적으로 참여하면서 동료 교사들을 설득했다는 점 역시 매우 인상 깊었다.

평교사들, 뭉치다

혁신학교를 어떻게 시작해야 할지 고민하는 학교를 볼 때 여러 가지 생각이 든다. 앞에서도 이야기했듯이 혁신학교를 하려면 구성원들을 설득하는 것이 가장 우선이면서 중요한 일이다. 관리자의 혼자 힘으로는 학교를 혁신하기 어렵고, 유능한 관리자가 앞에서 방향을 제시하면서 구성원들을 이끌어 간다고 해도 그것은 제대로 된 혁신학교가 아니라 모양만 그럴 듯한 혁신학교가 될 가능성이 높다.

혁신학교는 학교의 모든 구성원들이 학교를 바꾸겠다는 의지로 뭉쳐야 비로소 제대로 추진될 수 있다.

그러나 혁신학교를 시작하려는 학교마다 상황이 다르고, 혁신학교를 하려고 하는 목적도 다르며, 간절히 원하는 사람도 다르다. 그렇기 때문에 구성원들을 설득하는 방법도 학교마다 다를 것이다.

그렇지만 간과하지 말아야 할 것은 학교의 구성원을 설득하지 않고, 관리자가 앞장서서 끌고 가려고만 하면 그 속에서 불협화음이 생기게 마련이고 그 불협화음으로는 혁신학교를 만들 수 없다는 사실이다.

학교의 핵심이 되는 사람들 몇몇이 모여 다른 학교와 차별화되는 프로그램을 만들고 그 프로그램이 추진되도록 관리자가 지시하고 교사들이 따라가면 프로그램이야 돌아가겠지만 이것이 궁극적으로 학교를 바꾸지는 못한다.

학교를 바꾼다는 것은 학교의 문화 자체를 바꾸는 것이다. 문화란 삶의 방식이므로 결국 존재하는 모든 것의 운영 방식을 바꾸는 것이다. 그렇기 때문에 학교를 바꾸는 일은 단순히 프로그램 하나로 되는 것이 아니며, 누구 한 사람의 노력에 의해 되는 것도 아니다. 학교 문화를 바꾸는 일은 그곳에 몸담고 있는 모든 구성원들의 생각과 행동을 비롯한 모든 것을 바꾸는 일이다. 그렇기 때문에 전체 구성원의 참여가 필요하다.

우리나라에 혁신학교로 정착이 된 학교를 살펴보면 대략 두 가지 유형이 있다.

하나는 혁신학교를 준비한 그룹이 특정 학교를 정해서 들어가는 방식이다. 신설학교인 경우에 주로 이 방법을 이용한다. 경기도의 구름산초등학교, 보평초등학교, 홍덕고등학교 등이 이런 방법으로 만들어진 대표적인 혁신학교들이다.

3학년 담임 협의회 학교를 바꾸기 위한 프로젝트는 어느 한 사람의 노력에 의해서만 이루어지는 것이 아니라, 구성원 모두 뜻과 힘을 합할 때 비로소 가능하다.

신설학교가 아닌 일반 학교의 경우에도 미리 준비하고 공부한 사람들이 팀을 이루어 학교에 들어가서 학교 혁신의 중추적인 역할을 하는 것도 같은 맥락이다. 특히 이러한 학교들은 특정 그룹이 혁신학교에 들어오기 전부터 공모제 교장 선생님과 함께 혁신학교를 오랫동안 치밀하게 준비를 한 경우가 많다.

얼핏 생각하기에는 이 방법이 학교를 바꾸기가 훨씬 수월할 것 같지만, 지켜보면 반드시 그렇지도 않다. 혁신학교 정책에 동의한 적도 없는데 학교가 변화를 시도하니, 기존 교사들을 설득하는 데 힘이 많이 든다. 실제로 이에 해당하는 학교들은 처음에 구성원들 간의 갈등을 봉합하는 동시에 혁신학교를 추진하느라 몹시 애를 먹었다.

이제 이런 방법은 혁신학교가 빠르게 확산되는 추세에서 일반화될 수 있는 경우는 아니다.

요즘에는 학내의 어떤 주체들에 의해 혁신학교를 하자는 의견이 나오고, 그 의견을 보다 절실하게 생각하는 교사들의 추진력과 혁신학교에 동의하는 관리자의 적극적인 지원에 의해 혁신학교가 추진된다. 그 대표적인 학교가 바로 장곡중학교다.

2010년 5월, 장곡중학교는 공개 수업에서 우리 학생들의 눈빛과 수업 참여율을 본 다른 학교 교사들이 그 소감을 여러 교사들에게 전하면서 알려지게 되었다. 그 당시 장곡중학교의 빠른 변화에, 많은 교육 관계자들은 혁신학교로서 장곡중학교의 성공이 1년이 채 가지 않을 것이라고 생각했다.

그러나 지금은 혁신학교로서 장곡중학교를 모델로 생각하는 학교가 많다. 이것이 의미하는 바는 학교를 바꾸려면 어떻게 바꾸어야 하는지를 보여주는 것이라 생각한다.

학교 혁신의 전문가도 없는 평범한 학교의 교사들이 학교를 바꾸기로 마음을 먹고 함께 노력했더니 오랜 기간을 함께 연구한 팀이 한 학교를 정해서 들어가 학교를 바꾸는 것만큼, 어쩌면 그 이상으로 학교를 빠르게 변화시키고 있다. 이 사실은 장곡중학교뿐만 아니라 전국의 어떤 학교도 구성원들이 학교를 바꾸자는 마음만 먹으면 할 수 있다는 가능성을 보여준 것이라 할 수 있다.

5

혁신학교를 향한
구체적인 준비 절차

구성원들의 동의를 이끌어냈다고 해서 바로 혁신학교가 되지는 않는다. 혁신학교를 향한 열망이 학교 전체에 끓어 넘쳐도 교육청에서 혁신학교로 지정받지 못하면 학교를 바꾸는 일이 현실적인 벽에 부딪히게 된다.

혁신학교로 지정받으려면 도 교육청에 우선 혁신학교 신청서를 내야 한다. 혁신학교 초창기인 2009년과 2010년 초에는 신청하는 학교가 별로 없었지만 요즘은 상당히 많은 학교가 혁신학교를 준비하고 계획서를 내기 때문에 이를 준비하는 과정도 중요하다.

학교에서 혁신학교 계획서를 내면 도 교육청에서는 계획서를 심사해서 예비지정을 한 후에 실사를 거쳐 혁신학교로 지정한다. 9월과 3월에

예비지정이 된 학교는 한 학기 동안 시범 운영을 하게 되며 도 교육청의 실사를 거친 후에 혁신학교로 지정이 된다. 이런 절차를 거치는 것은 도 교육청에서 혁신학교에 대한 수준 관리를 하고 있기 때문이라 생각한다.

그렇기 때문에 각 학교에서 신청서를 내야 하는 기간은 5월과 11월 중이다. 이 기간에 혁신학교 계획서를 만들고 필요한 서류들을 갖추어야 하는데, 실제 준비를 하는 입장에서는 몹시 빠듯하다.

신청서에는 혁신학교 신청서와 계획서, 전체 교사 및 학부모·학교운영위원회의 동의 서명, 전체 직원회의에서 협의한 기록, 학교운영위원회에서 혁신학교 신청에 대한 심의를 협의한 기록이 포함되어야 한다.

그렇기 때문에 혁신학교를 신청하고자 하는 학교는 절차에 따라 가장 먼저 혁신학교 신청에 대한 전체 교사 회의를 열고 찬반 투표를 한다. 찬반 투표 결과 찬성이 과반수가 넘으면 교사들에게 혁신학교 신청에 동의한다는 서명을 받는다.

따라서 혁신학교 신청서가 오기 전에 미리 혁신학교에 대한 홍보를 충분히 해서 찬성표가 많이 나올 수 있도록 준비를 하는 노력이 필요하다. 동의서에 서명을 받을 때도 표결에서 찬성했던 교사가 동의서에 서명을 하지 않을 수도 있고, 반대했던 교사가 동의서에 기꺼이 서명을 하기도 하므로 지속적으로 교사들을 설득해야 한다.

이 과정에서 전체 교사의 동의 서명을 받아낼 수 있다면 이것은 도 교육청 심사에 매우 큰 영향을 미친다. 구성원의 자발성을 중요하게 여기는 혁신학교에서 구성원의 동의가 100퍼센트라면, 더욱이 그 동의가 권위에 의해 강제되지 않은 것이라면 심사하는 입장에서는 그 결과를 중요하게 고려할 수밖에 없을 것이다.

물론 '100퍼센트 동의서'라 해도 심사자들은 그것이 정말로 모두가 원한 결과인지 관리자들의 강제에 의한 것인지, 교사들의 학교 혁신 의지는 어떤지, 예산 등 다른 지원을 받기 위해 혁신학교를 신청하지는 않았는지, 관리자와 교사들의 협력 관계는 잘 구축되어 있는지, 혁신학교를 이끌어갈 중심 교사들이 있는지 등을 가려 심사에 반영한다.

신청한 학교가 혁신학교로 지정됐을 때 지원될 예산과 혁신학교 추진 성과에 막대한 영향을 미치기 때문에 도 교육청에서는 이런 점들을 꼼꼼히 실사할 수밖에 없다.

위 절차가 끝나면 즉시 학부모회를 열어서 혁신학교 신청에 동의하는지를 물어야 한다. 학부모총회를 열어야 하기 때문에 이것도 서둘러야 하며 이 역시 얼마나 많은 사람들이 동의했느냐가 중요하다.

이 과정이 지나면 학교운영위원회를 열어야 한다.

일단 학교운영위원회가 열리려면 재적위원의 3분의 2가 참석을 해야 하며, 심의하는 안건은 참석 위원의 2분의 1이 찬성해야 통과된다. 아무리 학교에서 열심히 준비를 했다 하더라도 위원의 3분의 2가 출석하지 못하거나, 출석한 위원의 과반수 찬성을 얻지 못하면 혁신학교 신청조차 할 수 없다.

그렇기 때문에 혁신학교 신청서가 오기 전에 미리 학부모위원들과 지역위원들에게 혁신학교에 대한 다양한 정보를 알려 심의 과정에서

뜻하지 않은 결과가 나오지 않도록 하는 것이 좋다.

학교운영위원회의 안건과 자료는 운영위원회가 열리기 1주일 전에 운영위원들에게 보고되어야 하며, 동시에 운영위원회 개최일도 통보가 되어야 한다. 긴급한 안건일 경우에는 1주일 전에 통보되어야 한다는 원칙이 무시되기도 하지만, 이런 경우에도 통보 당일에 회의가 열리기란 어려운 일이다. 따라서 적어도 2~3일 전에 학교운영위원들에게 회의 일정과 안건과 자료가 통보되도록 한다.

교원위원들은 학교에서 근무하기 때문에 특별히 날짜를 통보하지 않아도 대개 학교에 있지만 갑작스러운 출장이 생기기도 하므로 미리 날짜를 알리는 것이 좋다.

학교운영위원들 중 학부모위원과 지역위원들의 생업에 지장이 되지 않도록, 또한 일정이 겹쳐 참석하지 못하는 일이 생기지 않도록 미리 날짜를 알려 일정을 조정해야 한다.

학교운영위원회의 심의가 끝나면, 운영위원들의 동의 서명을 받아야 한다. 이 동의 서명도 100퍼센트가 된다면 도 교육청의 심사를 받을 때 좋은 영향을 미친다.

혁신학교를 추진할 때 의외로 학부모의 반대에 부딪히는 경우가 종종 발생하는데 이것은 학부모에게 혁신학교에 대해 제대로 된 정보를 알려주지 않아 오해가 생기기 때문이다. 이렇게 되면 학교 혁신이 순조롭게 이루어지지 못할 수 있다.

학교운영위원들이 100퍼센트 찬성한다는 것은 적어도 그 지역 내의 주민과 학부모들에게 혁신학교에 대한 추진 내용들이 어느 정도 설득이 되었고, 학부모위원과 지역위원들의 도움을 받을 가능성이 있다는 것을 의미하기 때문이다.

마지막 단계는 혁신학교 운영 계획서를 작성하는 것이다. 그동안 혁신학교를 준비하는 전국 수백 개의 학교에서 장곡중학교의 운영 계획서를 요청했고, 요청하는 학교에 전부 보냈다. 나중에는 요청을 감당할 수 없어서 아예 장곡중학교의 학교 홈페이지 '혁신학교마당'에 로그인 하지 않아도 내려받을 수 있도록 게시를 하였다.

이처럼 혁신학교의 준비 과정은 단순하게 서류를 작성하는 것과 다르다. 혁신에 대한 교사와 학부모의 내용 공유와 의지 확인을 통해 실실적으로 혁신학교를 이끌어갈 수 있는 에너지를 비축하는 과정이라고 할 수 있다.

6

혁신학교로 지정받는 일이 중요한 이유

2010년부터 2011년까지 변화를 꾀하고자 하는 수많은 학교의 구성원들이 장곡중학교를 방문했다. 혁신학교(전라남도에서는 '무지개 학교', 서울에서는 '서울형 혁신학교', 강원도에서는 '행복 플러스 학교'라고 각기 부르는 명칭이 다르므로 이하 '혁신학교'라고 지칭한다)의 교사 및 혁신학교를 준비하려는 교사들도 있었지만 이 정책과 무관한 경상도나 충청도, 제주도의 학교에서도 우리 학교에 다녀간 교사들이 꽤 많았다.

이들은 제도적·행정적·재정적 뒷받침이 없어도 학교가 변화해야 할 시점에 도달했다고 생각을 같이 하면서, 학교를 바꾸고자 하는 열망을 안고 찾아온 것이다.

이들은 우리 학교의 모습을 변화의 방향으로 잡고, 구체적인 방법을 배우고자 하는 동시에 혁신학교 학생들이 어떻게 학교에서 배우고 생활하는지를 직접 확인하고 싶어했다.

이런 학교들은 교육청 차원의 지원이 없기 때문에 학교의 전체 운영 예산에서 수업 혁신을 위한 예산을 따로 세워야 하고, 학급당 인원 수도 기존 그대로이면서, 여러 가지 정책적인 지원도 받을 수 없는 어려운 여건 속에서도 변화를 꾀하겠다고 노력하는 것이다.

이렇게 구성원의 자발적인 의지와 관리자의 강한 개혁 마인드가 돋보이는데도 교육청의 정책적인 뒷받침과 재정적인 지원이 없다는 사실이 상당히 안타까웠다.

이런 사실은 학교 구성원들의 혁신에 대한 의지와 관리자의 학교 혁신을 향한 강한 목표 의식과 더불어 학교를 둘러싼 환경적인 측면 즉, 정책적인 지원과 재정적인 뒷받침이 학교 혁신에 매우 중요한 영향을 미친다는 것을 보여준다.

그렇기 때문에 안정적으로 학교에 변화를 일으키기 위해서는 혁신학교로 지정받는 것이 중요하다.

7

혁신학교 운영 계획서 만들기

많은 교사들이 궁금해하는 혁신학교 운영 계획서는 어떻게 만드는 것일까? 이 질문에 대한 답은 다시 원점으로 돌아간다. 혁신학교를 미리 준비한 학교라면 담당 부장 혼자, 혹은 몇몇 부장과 관리자만 모여 다른 학교의 혁신학교 계획서를 참고해서 만들지 않는다. 이렇게 만들어진 계획서는 눈으로 보면 판별이 된다.

경기도 혁신학교 추진위원인 '내일을 여는 연구소' 이광호 소장의 이야기를 들어보면, 수백 개의 계획서를 한꺼번에 모아놓고 보면 수많은 계획서들이 다 비슷하다고 한다.

그 비슷비슷한 계획서 속에서 어느 하나라도 다른 부분이 있는 계획서가 눈에 띄어 실사를 해보면 그 다른 부분은 틀림없이 구성원들과 논의를 한 것이었다고 덧붙였다. 또한 함께 논의를 한 것이라면 구성원들과 합의했다는 걸 의미하기 때문에 상당히 실질적인 실행 가능성이 보인다는 것이다.

구성원과 논의를 거치지 않고 몇몇이 모여 머리로만 기획한 계획서는 추상적이다. 그 추상적인 계획은 실천으로 이어지기 어렵다. 그러므로 구성원들이 함께 협의한 끝에 나온 실천 가능한 계획서인지 여부가 심사에 상당히 큰 영향을 미친다.

이렇기 때문에 계획서를 작성할 때는 실제 그 학교 구성원들이 함께 충분히 논의를 하고 논의의 결과를 중심으로 만들어야 한다.

진행 과정에서 전체 논의가 불가능하다면, 적어도 혁신학교를 이끌어갈 그룹들과 함께 논의하고 그 그룹들이 주변의 의견을 수렴한 결과를 가지고 논의할 수 있도록 해야 한다. 그래야 실행 가능한 계획이 설계되고, 구성원의 자발성을 끌어낼 수 있다.

가장 이상적인 방법은 학교 구성원 모두가 모여 SWOT를 분석하고 분석의 바탕 위에서 지금 할 수 있는 일과 앞으로 발전시켜 나가야 하는 일을 정하는 것이다. 이것은 분석을 하는 과정에서 구성원을 설득하고, 이해시키며 모두를 학교 혁신의 일에 책임을 갖도록 한다.

전체가 힘들다면 적어도 혁신학교를 추진하고자 하는 중심 교사 7~8명이라도 관리자와 부장들과 함께 분석하고 작성해야 한다. 이 과정에서 한 사람이나 몇몇 사람의 머리에서는 나올 수 없는 전략과 사업이 나오며 그것은 구성원들의 적극적인 참여를 이끌어내어 책임을 지고 추진하게 한다.

응곡중학교 SWOT분석

다음 표는 2012년에 혁신학교로 지정된 응곡중학교의 SWOT분석표이다. 이 학교는 장곡중학교에서 10분 정도 떨어진 곳에 위치한 학교인데, 장곡중학교가 혁신학교로 이름이 나면서 상대적으로 고생을 많이 한 학교였다.

학교에 대한 학부모의 변화 요구를 받아들여야 했으며, 학생들의 자존감을 높여주어야 했고, 교사들의 상대적 박탈감도 해소시켜야 하는 현실과 마주하고 있었다. 혁신학교인 장곡중학교에서 다른 지역에서 전학을 오는 학생들을 정원초과로 받지 못하자 이를 대신해서 모두 받아야만 했기에 거기에서 오는 교사들의 피로감도 컸다.

응곡중학교는 이런 문제점을 해결하고, 학교 혁신의 흐름에 함께하기 위해 2명의 교사가 관리자의 적극적인 지원을 받아 장곡중학교에서 1년 동안 꾸준히 혁신학교를 준비했다. 이들은 다른 9명의 교사를 설득하고 함께 연구하고 준비하면서 전체 교사의 동의를 이끌어낸 끝에 2012년 혁신학교로 지정받았다.

이 표는 응곡중학교가 혁신학교 계획서를 만들기 전에 구성원들과 논의한 SWOT 분석표인데, 상당히 실질적이고 구체적인 면이 엿보인다.

이렇게 SWOT를 함께 모여 분석을 하다 보면 혁신학교 계획서를 작성할 때 어떤 사업을 어떻게 펼쳐 학교를 바꿀 것인지가 보인다. 함께 논의한 결과를 바탕으로 만들어진 계획서는 그 진정성의 측면이나 내용의 완성도 면에서도 한 사람이 다른 학교의 계획서를 참고하여 만든 것과는 다를 수밖에 없다. 그것은 혁신학교를 심사하는 사람들에게 영향을 미쳐 혁신학교로 지정받는 데 큰 힘이 된다.

〈응곡중학교 SWOT분석표〉

학교조건 학력 향상 교사의 업무과중 지역조건 도농복합도시 갯골생태공원 인접 교육문화 시설 부재	강점	약점
	Strenth • 관리자의 열린 마인드 • 도농복합도시 • 교사들의 혁신 의지 • 쾌적한 교육환경 • 학교에 대한 학부모의 높은 기대	**Weakness** • 기본생활습관 형성 미흡 • 학교 인지도 낮음 • 교사 업무과중 • 교사의 학생 이해 부족
Opportunity • 혁신학교예비지정 • 지역단체의 관심과 교육적 협력 • 다양한 교육과정 운영 • 갯골생태공원 인접 기회	**S-O전략** (적극적 전략) 소통이 있는 혁신학교 운영 • 교육과정 중심의 학교 문화 구축 • 갯골생태공원을 활용한 체험학습 활성화 • 지역단체와 협력한 교육과정 구성 • 학부모 참가수업 운영	**W-O 전략** (방향 전환 전략) 생산적 학교 문화 형성 • 교수학습 중심의 지원 행정, 보조인력 배치 • 학교가 추구하는 가치존중 및 공유 확산, 민주적 의사 소통 • 학급회, 학생회, 학생동아리 활동 활성화 • 공동체적 인성교육
Threat • 문화예술교육 기반 취약 • 지역 주민의 정주의식 부족 • 열악한 교통 • 과밀학급 위협	**S-T전략** (다양화 전략) 교육과정 특성화 • 맞춤형개별학습으로 학습부진 해소 • 학습자 중심의 수업방법 개선 • 교과통합형 교육과정 운영 • 문화예술 교육 강화 • 학습보조 교사 채용 • 평가혁신	**W-T전략** (보완 전략) 함께 꿈을 키우는 새로운 학교 • 학부모아카데미 추진 • 공공재원 확보(혁신학교예산) • 다양한 지역자원 활용 • 공교육의 내실화

우리 아이가 달라졌어요!

장곡중학교 학부모 안선영 님

두 아들이 초등학교에 다닐 때의 일입니다. 두 아들 모두 휴대폰을 갖게 된 지 얼마 되지 않았을 때였습니다. 어느 날 작은 아들이 "형아! 형은 휴대폰에 몇 사람 저장돼 있어? 나는 주소록에 30명도 넘는다!" 하고 말하자, 큰아들은 "할머니, 할아버지, 엄마, 아빠, 너……, 음……" 하고 머뭇거렸습니다.

그러자 작은 아들이 "그게 다지? 그럼 짜장면집이나 치킨집 전화번호라도 저장해. 창피하잖아!" 하면서 킬킬킬 웃어대는 것을 보았습니다.

큰아들이 초등학교에 다니는 동안 저는 그 아이가 '친구'라고 말하는 것을 한 번도 들어보지 못했습니다. 아들 녀석이 데려오는 친구들에게 맛있는 음식을 만들어주며 엄마 노릇을 해보고 싶었지만 그저 제 욕심일 뿐이었지요.

큰아들이 어린이집에 다닐 때는 늘 원장님 방에 가서 혼자 논다는 이야기를 들었고, 부모들끼리 어울리는 자리에서도 다른 아이들은 서로 잘 어울려 노는데 저희 아들은 항상 계단 밑이나 모래밭에 혼자 떨어져 있어 저를 속상하게 했습니다.

초등학교에 입학한 후에는 하루가 멀다 하고 담임선생님께 전화를 받았지요. '고집이 세다' '사회성이 부족하다' '자폐증검사를 받아보는 것이 어떻겠나?'

남들보다 특별하기를 바란 것도 아닙니다. 그저 그 또래의 아이들에게 찾아볼 수 있는 평범함, 딱 그만큼만 무던하기를 바랐습니다. 그러나 그 평범함조차 너무 큰 바람이었죠.

저의 안타까움과는 상관없이 시간은 흘렀고, 큰아이가 중학교에 입학을 하게 되었습니다. 입학하던 해에 장곡중학교는 혁신학교로 지정받아 '배움의 공동체'라는 새로운 수업을 적용한다고 했습니다. 처음에는 '그런가 보다' 했지 큰 관심은 없었습니다.

그런데 입학하고 얼마 지나지 않아 아이에게 변화가 나타나기 시작했습니다. 아이의 입에서 친구들이라는 말이 나오기 시작한 것입니다. 아이가 '나' 이외의 사물과 사람에 대해 주도적으로 인지하고 관계를 맺는 모습을 보면서 과연 무엇이 아이를 변하게 했나 궁금했습니다.

그러다 우연히 아이가 속한 반의 수업 장면이 담긴 동영상에서 옆 친구를 가르쳐주는 큰아들을 발견했습니다. 사회성은 떨어져도 공부는 제법 했는데, 본인이 잘할 수 있는 것으로 친구들에게 도움을 주었고 그것이 기쁨이 되니 더 적극적으로 수업에 참여를 하게 되었나 봅니다. 그리고 그 속에서 자연스럽게 친구들과의 관계 맺기가 시작된 것 같았습니다.

아이에게 말을 걸어주는 친구들, 그 아이들에게 답변을 하며 즐거움을 찾는 아들! 이 작은 시작이 아이를 혼자만의 세계에서 빠져나오게 하는 원천적 힘이 되어 주었습니다. 친구에게 체육복을 빌려 입었다는 말을 들었을 때 '이제 더 이상 걱정하지 않아도 되겠구나' 하는 안도감과 학교에 대한 믿음이 생겼습니다.

작은아들도 중학교에 입학해야 하는데 장곡중학교에 지원한 학생이 너무 많아 추첨으로 학생을 선발해야 하는 상황이 벌어졌습니다. 150명 이상이 탈락하는 상황에서 운 좋게도 작은아들도 장곡중학교에 입학을 하게 되었습니다.

큰아들과는 반대로 공부에는 도무지 관심이 없는 아이라 중학교에 가면 하루 종일 수업 듣는 것이 얼마나 힘들까 하는 걱정을 했습니다.

하지만 기우였습니다. 시험 성적을 보여주던 날, 작은 아들은 "엄마, 역시 저는 한국 사람이에요. 영어는 하나도 몰라서 다 찍었어요" 하면서 웃어대는 것이 아닙니까! 장곡중은 수학 28점의 '학습부진아'조차도 학교를 즐겁게 다닐 수 있게 만드는 힘을 지녔습니다.

처음 포도밭을 다녀온 날은 학교 자랑, 자기가 제일 일을 잘한다는 자랑에 쉴 새 없이 재잘거리는데, 듣고만 있어도 흐뭇해지고 나날이 학교를 재미있어 하는 아들을 보면서 학교에 감사하고 또 감사합니다.

공부를 잘하는 아이든 못하는 아이든 학교를 즐거워하고 행복하게 다닐 수 있는 것은 아이들이 저마다 가진 장점을 사랑해 주고 귀하게 여겨주는 선생님들이 계시기 때문이라고 생각합니다.

각자가 가진 재능으로 서로에게 도움을 주며 자아 존중감을 키워가는 학교! 수학은 꼴찌이지만 줄넘기는 자기가 전교 1등이라며 큰소리치는 아이 뒤에는 그 모습 그대로를 인정해 주며 늘 격려해 주시는 선생님들이 계실 겁니다.

두 아이 모두를 장곡중학교에 보내게 된 운 좋은 엄마가 그 선생님들께 진심을 담아 고개 숙여 감사 드립니다.

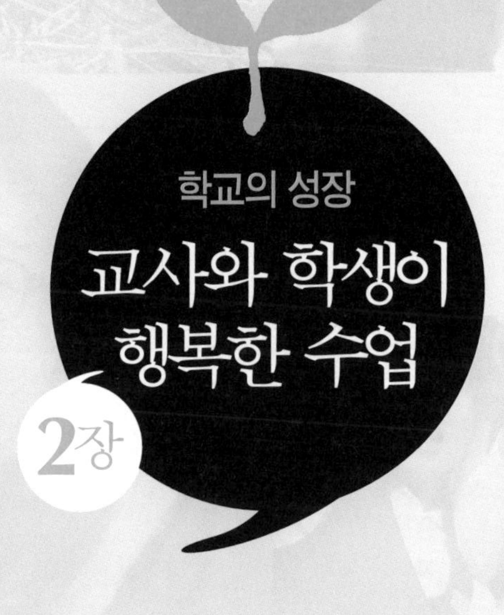
2장
학교의 성장
교사와 학생이
행복한 수업

8

수업, 학교를
즐겁게 만드는 핵심

일 년 내내 전국에서 많은 분들이 우리 학교로 수업을 보러 온다. 혁신학교를 시작했던 2010년에는 1,500여 명이, 2011~2012년에는 해마다 2,000여 명이 수업을 보고 갔다.

이들이 가장 눈여겨 보는 것은 바로 장곡중학교 학생들의 수업 참여 모습이다. 우리 아이들은 적어도 수업 속에서 다른 생각을 하거나 혼자서 낙서를 하거나 멍한 눈으로 앉아만 있거나 무기력하게 엎드려 있지 않는다. 초롱초롱한 눈빛으로 모두가 이야기하고 함께 웃으면서 수업에 참여한다.

이런 모습을 지켜본 많은 사람들이 수업이 달라지면 배우는 사람도 가르치는 사람도 더 이상 수업이 고통스럽지 않다는 것을, 학교와 교실이 즐거운 장소가 될 수 있다는 것을 깨닫는다.

2011년 성탄절 이브에는 학교로 택배가 왔다. 울산의 옥동초등학교에서 배 한 상자를 장곡중학교에 보내주신 것이다. 그 전날 옥동초등학교 교장 선생님을 비롯하여 8명의 교사가 장곡중학교의 수업을 보고 가셨는데 그에 대한 답례라고 짐작이 되었다.

당시 옥동초등학교 교사들은 2학년 심미애 교사의 도덕 수업을 참관했다. 12월 말은 수업이 제대로 이루어지지 않는 기간이다. 그런데 우리 학생들은 여느 때처럼 심 교사가 설계한 수업 속에서 열심히 생각하고, 끊임없이 책을 찾아보면서 자신의 의견을 말하고 있었다.

모둠 수업을 할 때도 자신의 의견을 말하면서 다른 친구들의 생각을 듣고, 자신과 생각이 다르면 설득하고, 자신의 생각을 보완·수정하면서 조용하고 진지하게 수업에 임했다.

모든 학생들이 수업에 참여하고 있었고, 단 한 명의 아이도 수업에서 빠져 있거나 무임승차하여 가만히 앉아 있지 않았다. 이야기를 하면 할수록 그 수준이 높아지는 것이 느껴졌다. 학생들이 '배우고 있다'는 것이 멀리서 수업 장면을 지켜보는 사람들의 눈에도 보였다.

교사는 교과서를 재구성한 활동지를 학생들에게 나누어 주었으며, 교과서를 훌쩍 뛰어 넘는 수준의 문제가 마지막에 제시되었다. 이런 설계 속에서 수업을 하기 전보다 학생들의 '앎'의 수준이 높아지고 있었다.

1시간 내내 수업을 참관했던 옥동초등학교 교사들은 돌아가서 이 수업을 시도해 보겠다고 했다. 그리고 학생들을 이런 수준으로 만들어낸 우리 교사들의 노력에 상당한 관심을 보였으며, 어떻게 학생들이 이렇게 흐트러지지 않고 배우는지 매우 궁금해했다.

언제나 수업 참관이 끝나면 나는 다시금 깨닫게 된다. 수업이 즐겁고, 학교에서 배운 것이 학생들의 삶을 풍요롭게 하는 것, 이것이야말로 우리 교사들이 정말로 바라는 것이 아닐까?

9

수업 혁신의 원동력은
아이들이다

공립학교는 교사가 해마다 바뀐다. 이 점은 장점이기도 하지만, 어떤 경우에는 단점이 되기도 한다. 특히 수업을 완전히 바꾼 우리 학교같은 경우에는 교사가 해마다 바뀐다는 사실은 단점에 가깝다. 혁신학교의 초창기일수록 더 그렇다.

혁신학교 첫해, 교사들의 피나는 노력으로 수업을 바꾸었는데 다음 해가 되면서 3분의 1의 교사가 다른 학교로 빠져나갔다. 그만큼 새로운 교사들이 들어왔을 때, 우리는 수업이 그대로 유지될 수 있을 거라고 생각했다. 그러나 그 생각처럼 수업이 바꾸기 쉬운 것이었다면 수업, 더 나아가 학교 혁신을 해야 한다는 주장들이 그리 큰 힘을 얻지 못했을 것이다.

교사가 바뀌면서도 수업이 정착되었을 거라는 생각은 오산이었다. '배움의 공동체'[1] 수업을 처음 접하는 교사들이 유입되면서 다시 예전처럼 교사 중심의 수업으로 돌아가는 모습이 눈에 띄기 시작했다. 중간고사를 거치면서는 기존 '배움의 공동체' 수업을 시도하던 교사들조차 과거 교사 중심의 수업으로 돌아가고 있었다.

첫해의 정착이 두 번째 해의 발전으로 이어지지 않고 다시 예전의 수업으로 되돌아가는 것은 전형적인 양상이다. 수업 혁신을 시도한 다른 혁신학교에서도 공통적으로 느끼는 어려움이다. 새로운 교사들이 낯선 수업 형태에 대해 느끼는 망설임과 두려움에 혁신학교(수업 혁신)를 반대하는 교사들의 동조가 더해져 전년도에 성공을 거두었던 수업 혁신이 다시 처음의 상태로 되돌아가기도 한다.

이런 상태를 바로잡기 위해 새롭게 학년협의회도 하고, 다시 학년별 연수도 하면서 딱 1년 전으로 되돌리려고 안간힘을 썼다. 다행히도 1학기를 보내면서 흐트러졌던 수업이 2학기에 접어들면서 서서히 전년도와 같은 수준으로 돌아오기 시작했다.

그러나 바뀐 수업을 유지시키고 정착화시킨 것은 교사들의 힘이 아니었다. 전적으로 바뀐 수업에 익숙해진 학생들의 힘이었다.

전년도에 '배움의 공동체' 수업 속에서 협력과 소통을 배운 학생들

이 모둠 활동을 어색하게 생각하는 교사들을 이끌고 있었다.

모둠 활동을 설계했지만 막상 수업 시간에 활동하기를 망설이는 교사가 있다.

이럴 때 학생들이 교사에게 "선생님, 이것도 모둠으로 하는 거죠?"라고 던진 한마디의 물음은 교사에게 용기를 불어넣고 모둠 활동에 대한 자신감까지 가져다주었다.

그리고 다소 수업 설계가 부족하더라도, 수업 진행이 미숙하더라도 학생들의 자발적인 협력 관계가 이런 부분을 채워주기도 한다. 학생들은 서로에게 묻고 대답하고 자신의 생각을 말하면서 활동을 하고, 그 모습을 지켜보는 교사는 자신이 만든 활동 중 어느 부분이 부족했는지, 어느 부분을 더 채우면 학생들이 더 활발하게 활동할 수 있는지를 배우게 되는 것이다. 그러면서 다시 수업이 정착하게 된다.

수업 혁신, 교사들만의 몫이 아니다

사람들은 흔히 수업을 바꾸는 일을 교사들의 몫이라고 생각한다. 그러나 실제로 깨닫게 되는 점은 수업을 바꾼다는 것은 학교에서 어느 한 분야를 바꾸는 일이 아니라는 사실이다. 학교의 문화가 바뀌어야 바뀐 수업이 정착되고 지속된다.

혁신학교를 시작한 첫해는 교사들의 노력이 수업을 바꾸지만 다음 해부터는 학생들의 마음가짐이 수업을 바꾸어놓는다. 그리고 바뀐 수업에 익숙해진 학생들이 새로 온 교사들의 수업 혁신을 돕게 된다. 그리고 세 번째 해에는 수업 혁신을 향한 교사들의 의욕이 수업 혁신을 지탱하는 힘으로 보태어진다.

혁신학교로 지정받고 점차 수업에 대해 입소문이 나면서 우리 학교로 발령을 받은 교사들도 부임하기 전부터 마음의 준비를 하기 시작했다. 배움의 공동체 수업을 몰랐던 교사들은 새로운 학교에 적응할 것을 생각하며 마음을 새롭게 다잡는다.

그리고 발령이 나기 전에 새 학교에서 준비한 연수를 받으면서 빨리 받아들이려고 노력한다. 수업을 설계할 때에도 이전에 있던 교사들이 만든 활동지를 제공받고 어떻게 수업을 해야 할지 연구하면서 바뀐 수업에 적응하려고 노력한다. 이럴 때 가장 중요한 역할을 하는 것이 바로 학생들이다.

2012년 장곡중학교에 새로 온 교사들은 그해 2월 전체 교사 연수에서 배움의 공동체 수업의 철학과 운영 원리를 연수 받았다. 그리고 오후에 전입 교사들만 다시 모여 수업 영상을 보면서 어떻게 수업을 만들어야 하는지를 연수 받았다.

이런 과정을 거치면서도 교사들은 배움의 공동체 수업이 잘 이해되지 않았다고 한다. 1년이 지나도 '이게 맞나?' 하는 생각이 가끔은 든다고 했다. 그러나 교사들의 혼란과 망설임을 잡아준 것은 바로 학생들이라고 입을 모았다.

연수를 받으면서도 '학생들이 과연 모둠 활동을 할까?' '모둠만 만들어놓고 떠들기만 하지 않을까?' '장곡중학교 학생들이라고 해서 다른 학교 학생들과 다를까?' 하는 의심이 계속해서 들었다고 한다.

하지만 수업에 들어가서 학생들에게 모둠 활동을 하라고 했을 때, 학생들이 정말 모둠 속에서 '활동'을 하는 모습을 보고 놀라움을 금할 수 없었다고 한다. 그전 학교에서는 모둠 활동을 하라고 했을 때 떠들기만 해서 시도했다가도 포기했던 수업이 장곡중학교에서는 '자연스럽게' 이루어지는 모습을 보고 깜짝 놀랐다고 했다.

지금 3학년 학생들은 중학교에 들어오면서부터 바로 배움의 공동체 수업을 시작한 학생들이다. 이 수업에 이미 익숙해진 아이들은 해결할 문제만 주어지면 책과 사전을 찾고, 서로의 기본적인 지식과 체험을 끌어내서 주어진 문제를 주도적으로 해결하고 있다. 그런 아이들이기에 오히려 교사들에게 깊은 믿음과 자신감을 불어넣어 줄 수 있었다.

교사와 학생들의 호흡 맞추기

그런데 이렇게 아름다운 모습만 있는 것은 아니다. 3년 동안 협력과 소통 속에서 배운 아이들이다 보니, 권위와 명령을 못 견딘다. 교사의 배려와 돌봄을 당연히 여기기 때문에 일방적인 지시와 명령을 받으면 바로 저항을 한다.

이 점이 새로 전입 온 일부 교사들을 힘들게 하기도 한다. 그렇기에 먼저 교사들의 생각이 바뀌지 않으면 이 부분은 상당한 어려움으로 작용한다.

단적으로 우리 학교 교사들은 참 친절하다. 어떤 아이는 장곡중학교로 전학을 왔다가 교육과정이 너무 맞지 않아 인근 학교로 간 적이 있었다. 그런데 다시 장곡중학교로 돌아와서는 교육과정을 재이수해야 하는데도 꼭 우리 학교에 다니겠다고 우기는 것이었다. "여기 선생님들은 정말 친절해요. 교육과정이 안 맞아도 이 학교에 다니고 싶어요"라면서.

바꾸어 말하면 장곡중학교 교사들은 학생에 대한 생각이 다른 학교와 다르다고 할 수 있다. 물론 학생들이 교사를 대하는 생각도 다르다.

수업에서도 마찬가지이다. 장곡중학교 학생들은 교사 중심의 지식 전달 수업을 못 견딘다. 몸을 비틀고, 움직이고, 괴로워한다. 그래서 중간고사 직전에 진도를 많이 나가려는 교사들은 학생들의 이런 모습을 보며 그 생각을 접는다. '차라리 시험 범위를 줄여야겠다'라고 생각한다.

이처럼 학생 중심의 수업, 배움 중심의 수업에 익숙한 학생들이기 때문에 교사 중심의 암기식 수업을 하는 교사들에게 자신의 요구를 당당히 말하기도 한다.

특히 장곡고등학교에 입학한 장곡중학교 출신 학생들이 고등학교 교사들에게 "선생님, 수업이 왜 이렇게 지루해요? 고등학교는 이래요? 중학교 때는 재미있었는데……. 모둠 활동도 한 번씩 해봐요"라고 말했다고 한다.

이 말을 들은 장곡고등학교 교사는 자존심이 상했지만, 혁신학교가 확산되는 추세에 있고 중학교에서 수업 혁신을 경험한 학생들이 계속 진학하고 있는데 우리는 여전히 교사 중심의 수업을 해야 하는 것이

옳은가 하고 고민하게 되었다고 한다.

실제로 장곡중학교 출신 학생들의 이런 제안을 듣고 모둠 활동으로 수업을 설계하고 진행했던 교사도 있다. 그 교사가 전한 이야기를 그대로 옮기면 다음과 같다.

"장곡중학교 출신 학생들이 모둠 수업을 해보자고 제안하길래 처음에는 얼마나 잘하나 두고 보자 하는 마음으로 수업을 준비했습니다. 그런데 실제로 모둠을 이끌고 이야기를 진행하고, 과제를 해결하는데 정말 잘하더군요. 우리 학교에 진학한 학생들이 성적이 좋은 학생들이 아닌데도 적극적으로 모둠을 이끄는 모습을 보고 놀랐습니다. 활동이 일어나지 않는 모둠은 장곡중학교 학생들이 없는 곳인 경우가 많았기 때문에, 그런 모둠에 일부러 장곡중학교 학생들을 배치한 적도 있었지요."

이처럼 수업을 바꾸고 그 안에서 진정한 배움이 일어나기 위해서는 교사와 학생이 하나가 되어야 한다. 기존의 교사 중심의 일방적인 수업에서 벗어나 모두가 배움의 주체가 되어 적극적으로 임하고 행복감을 느낄 때 진정한 수업 혁신이 가능해진다.

10

수업에서 학생을
주체적으로 만들기

장곡중학교를 방문한 많은 교사들은, 교사가 학생들에게 활동지를 나누어주면 아무도 거부하지 않고 전체가 활동지를 해결하는 모습에 의문을 제기한다. 이 모습은 장곡중학교 학생이기에 가능한 것이고, 자신들의 학교 학생들은 그렇지 않다는 것이다.

그러나 이는 장곡중학교 교사들이 학생들을 이러한 단계로 이끄는 과정을 못 보았기에 하는 생각이다. 교사들은 학생들에게 활동지를 나눠준 후에 학생 한 사람 한 사람이 활동하는 모습을 온 신경을 집중해서 관찰한다.

그리고 활동지를 나눠주기 이전에, 활동지에서 모르는 것이 있을 때는 반드시 물어보라고 학생들에게 요청한다. 물어보는 대상은 옆 짝일 수도, 주변에 앉아 있는 친구일 수도, 교실 어딘가에 앉아 있는 친구일 수도, 교사일 수도 있다. 그렇지만 활동지를 하지 않고 가만히 있는 행동은 수업시간에 절대로 해서는 안 된다고 가르쳤다.

또한 친구들에게는 성실하고 친절하게 답해주라고 했다. 배움이란 남을 가르칠 때 일어나며 남을 가르치면 내가 확실히 알 수 있고 오래 기억할 수 있다고 알려줬다. 다른 사람들을 가르치다 보면 내가 무엇을 정확히 아는지 무엇을 잘 모르는지 파악할 수 있으며, 친구에게 가르쳐주다가 자신이 잘 모르는 것을 교사나 친구에게 배워 그것을 다시 남에게 알려주게 되면 확실하게 자신의 지식이 된다고 가르쳤다. 매시간, 모든 교사가 이런 것들을 수업과 함께 가르치고 부탁했다.

그리고 모둠 활동을 하는 방법도 세세하게 가르쳤다. 선생님이 모둠을 만들라고 하면 먼저 투덜대지 않아야 한다고 부탁했다. 학생이 투덜대면 교사가 상처받게 되고, 상처받은 교사는 수업을 자신 있게 설계할 수 없다고 알려줬다. 좋은 교사를 만드는 것은 좋은 학생들이고, 좋은 학생과 좋은 교사가 만나야 좋은 수업이 만들어지고 함께 성장한다고 가르쳤다.

또 모둠 활동을 할 때는 적극적으로 참여하도록 요청했다. 자신이 모둠 활동을 하면서 알고 있거나 알게 된 내용을 말로 하고, 다른 사람의 의견을 받아들여 내 것으로 만들면 내 배움이 더 넓어지고 깊어지게 된다는 것을 알려주었다.

모둠 활동을 하지 않는 친구가 있을 때는 왜 하지 않냐고 비난하지 말고, 함께하자고 권유를 해야 친구가 마음 상하지 않고 배움의 테두

수업을 바꾼 진정한 원동력은 바로 학생들이었다.

리 안으로 들어온다고도 말해 주었다. 학교는 한 사람도 포기하지 않고 반드시 함께 공부하도록 할 것이므로 절대로 수업에서 빠져나가서는 안 된다고도 하였다.

학생들이 알게 된 내용은 말로 표현하도록 했다. 자기가 알게 된 내용을 말로 잘 표현할 수 있을 때 비로소 안다고 할 수 있다고 하였다. 교과서의 말을 그대로 읽는 것이 아니라, 나의 언어로 말할 수 있을 때 그것이 진정으로 아는 것이라고 했다.

이렇게 전 교사들이 매시간 학생들에게 가르친 결과가 1학기 후 다른 학교 선생님들이 본 훌륭한 모습으로 나타난 것이다.

전체 교사들이 매시간 이렇게 학생들에게 접근했기 때문에 교사 혼자 수업을 바꾸었을 때와는 비교할 수 없는 효과가 빠른 시일에 나왔다.

'교사 공동체'가 만들어내는
아이들의 변화

다른 학교를 컨설팅하다가, 그 학교의 담당자나 교사에게 질문을 종종 받는다. "아무리 노력해도 수업에서 빠져나가는 아이들은 어떻게 하나?" 혹은 "아이들끼리의 관계가 너무나 좋아 도무지 교사의 말을 경청하지 않는 반이 있는데 이럴 땐 어떻게 하는가?"

장곡중학교도 이런 경험이 있었고, 지금도 이런 일은 항상 일어나는 문제다. 그러나 문제를 바라보는 생각이나 해결 방식은 정말 다르다. 일반 학교에서는 이런 문제는 공공연하게 다루어지지 않고, 교사의 개인적인 문제가 되어 묻히곤 한다.

그러나 수업을 학교의 본질로 생각하는 학교에서 이런 문제들은 전체 교사들의 걱정거리로 공론화된다. 물론 공론화된 이후에도 바로 해결되기보다 어떻게 해야 하는지에 대해 고민만 안고 있는 경우가 많다.

장곡중학교도 혁신학교가 되기 전엔 수업에 문제가 있는 반이 있거나, 수업에 문제가 있는 아이가 있으면 그 반의 문제로만 치부하였다. 그대로 그 원인을 담임교사의 무능력으로 돌리기도 했다. 수업을 하고 나온 교사들이 담임교사에게 "그 반 애들 왜 그래요?" 하거나 "너희 반은 도대체 왜 이러니?" "그 반은 참 문제야" "걔는 도대체 왜 그래?"

하면서 그 반만의 문제로 넘겨버리는 경우가 대부분이었다.

담임에게만 책임을 전가했던 관행이 학교가 변하면서 어느 반의 문제는 그 반의 수업에 들어가는 모든 교사들의 책임이기에 문제를 함께 공유하고 논의해서 같이 해결해야 한다는 생각으로 바뀌었다. 그러자 문제가 있는 학급을 대하는 교사들의 대응 방식이 달라졌다.

이런 문제를 학교 전체의 이슈로 공론화하여 전체 교사들이 협의하여 해결하려고 노력하기 시작했다. 어느 학급의 수업이 어렵다면 학년협의회를 열어 그 반에 대해 전체가 책임지고 고민하고 해결책을 만들어냈다. 그리고 그때 만들어진 해결책으로 담임교사만이 아닌 수업에 들어가는 모든 교사들이 똑같은 언어로 그 반의 문제를 지적하고, 배움에 못 들어가는 학생들을 세심하게 보살피고, 같은 언어로 주의를 주기도 하였다.

배움에서 빠져나가는 학생이 있으면 학년협의회를 가동시킨다. 그러고나서 각 반 담임교사들은 같은 학년의 교사들이 모두 모여 그런 학생들을 위해 협의회를 진행했다는 것과 이 학생들을 지원하기 위해 '학습참가지원 프로그램'을 운영한다는 내용을 알린다. 그 후에 교사들은 수업을 하며 수업에 참여하지 못하는 학생들을 적극 지원한다.

그런데 이렇게 교사들이 지원을 해도 잘 바뀌지 않는 학생도 있다. 이럴 땐 학습참가지원 프로그램이 방과후에 진행된다. 그리고 이 과정이 진행되는 동안 모든 교사들이 프로그램에 참여하는 학생들을 특별히 돌보고 학습 참가를 지원한다. 이런 과정을 거치며 학생들의 수업 참여도는 점차 개선된다.

그런데 이렇게 해도 안 되는 학생들이 있다. 그러면 그 학생의 문제에 맞게 상담이나 독서지원 프로그램이 새롭게 만들어지고 진행된다. 이런 과정이 지속적으로 진행되면 수업에 참여하지 못하는 학생들의 숫자가 점차 줄어든다.

이런 프로그램들은 저절로 교사들의 골칫거리를 해결해 주기도 한다. 학습참가지원반에 들어가지 않기 위해 아이들이 스스로 긴장하면서 수업 태도가 나빴던 학급의 수업 분위기가 좋아지기도 한다. 수업에서 빠져나가던 아이들이 스스로 수업 속으로 들어오려고 노력하기도 했다.

교사 혼자서는 학급 학생들의 나쁜 단합 앞에 무력하게 무너질 수 있고 졸지에 바보가 되는 경우가 있다. 그러나 학년 전체의 교사가 협력을 하여 아이들을 지원하려고 했을 때는 아이들은 아이들일 뿐이었다. 순순히 학교에서 추구하는 배움 안으로 들어왔다. 도저히 들어올 것 같지 않던 아이들, 가슴으로 품어질 것 같지 않던 아이들이 순하게 품으로 파고드는 놀라운 경험을 교사들이 하게 된 것이다.

간혹 우리의 이야기를 듣고 다른 학교에서 프로그램을 사용하게 해달라고 한다. 그럴 때면 우린 프로그램을 그 학교에 순순히 준다. 그러나 사실은 프로그램 자체가 중요한 것이 아니다. 정말 중요한 것은 이런 일련의 과정에 담긴 학교와 교사들의 철학이다.

학교가 단 한 사람의 학생도 포기하지 않는다는 것, 그것을 위해 교사들이 모두 협력한다는 철학 말이다. 그래서 교사 한 사람의 노력이나 생각이 아닌 교사들의 공동체 속에서 아이들을 위한 다양한 아이

수업에서 교사가 아이들과 활발한 교감을 나눌 때, 비로소 아이들의 마음이 움직인다. '우리 선생님은 나를 절대로 포기하지 않는다'는 믿음이 있기에.

디어가 생겨나고 프로그램이 만들어지고 운영된다. 이런 철학으로 운영되는 프로그램은 교육적일 수밖에 없다. 학생들의 인권을 침해하는 것일 수 없다. 그 프로그램을 진행하는 교사의 마음이 처벌을 하는 교사의 마음일 수 없다.

그러므로 장곡중학교의 프로그램을 그대로 가져가더라도 다른 학교에서 쓸 수 없는 경우가 많을 것이다. 학생이 수업에 잘 참여할 수 있도록 지원하는 활동들은 학교가 가진 여러 시스템과 인력의 운영 속에서 가동이 된다. 그 바탕에는 학교와 교사들의 철학이 있다. 그래서 장곡중학교의 학습참가지원 프로그램을 자신의 학교에서 효과적으로 운영하려면 그에 담긴 교사들의 철학도 함께 가져가야 한다고 생각한다.

그렇지 않고 프로그램만 가져간다면 그것은 분명히 처벌의 개념으로만 운영이 될 것이고, 그렇게 운영되는 프로그램은 아이들의 마음을 바꾸지 못한다. 마음이 바뀌지 않은 아이는 프로그램 후에도 똑같은 문제 행동을 반복한다.

어느 학교에나 있겠지만 절대로 바뀌지 않는 학생도 있긴 하다. 그렇지만 우리는 그 아이를 포기하지 않는다. 그 아이가 수업으로 들어올 것을 기다린다.

그렇다고 마냥 기다리지만은 않는다. 지속적으로 여러 가지 방법으로 지원하려고 노력한다. 이런 노력들은 학생들로 하여금 '적어도 우리 학교 선생님들은 나를 절대 포기하지 않는다'는 믿음을 갖게 하였다. 이것이 장곡중학교에서 혁신학교 시행 이후 단 한 번도 교권 침해 사례가 없는 이유 중의 하나이다.

11

단 한 명의 학생도
포기하지 않는다

우리 학교는 수업에 제대로 참여하지 못하는 학생들을 대상으로 학습참가지원 연수를 한다. 학습참가지원 프로그램의 기본 철학은 '학생들이 수업에 참여할 수 있도록 교사들이 지원한다'는 것으로, 연수 이후에도 여전히 나아지지 않는 학생들을 위해서 다양한 프로그램을 마련해 두었다.

학생 중심 활동으로 수업을 혁신한 많은 학교에서도 같은 고민을 했을 거라 짐작한다. 학습에 참여하지 않는 학생을 어떻게 할 것인가. 만일 교사가 중심이 되는 수업일 경우에는 그 학생을 포기하고 수업에 참여하는 학생들만 지도하면 그만이다. 하지만 우리 학교처럼 학생이 중심이 되는 경우에는 참여하지 않는 학생들이 수업 분위기를 좌우하게 되므로 이는 매우 중요한 문제이다.

교사의 돌봄과 지원 속에서도 절대로 수업에 참여하지 않고 책상에 엎드려 있거나 잠만 자는 학생이 있다. 그리고 수업에 참여하는 학생들을 수업 밖으로 끌어내는 학생도, 심한 경우에는 큰소리를 내거나 독특한 행동을 해서 반 전체의 시선을 끄는 학생들도 있다.

이런 학생들이 발견되면 학년협의회를 진행한다. 이 협의회에서 학습참가지원 연수 대상자를 정하고 연수를 진행한다. 연수는 주로 방과후에 이루어지는데 프로그램의 내용은 모두가 의견을 나누고 협의해서 마련한다. 이렇게 하는 이유는, 지원해야 하는 학생들의 특성에 따라 연수의 내용이 달라야 하기 때문이다.

가령, 수업을 잘 듣지 못하는 학생을 위해서는 경청 프로그램을 만들어주고 산만한 학생을 위해서는 명상과 같이 정신을 집중하는 방법을 찾는 프로그램을 마련해 준다. 어휘력이 부족해서 수업의 내용을 이해하지 못하거나 집중력이 떨어져서 책 한 쪽을 읽지 못하는 학생들은 독서 프로그램을 만들어 돕는다.

각 학생들의 부족한 점을 개선하는
다양한 프로그램들

그중에서도 독서 프로그램은 방과후에 도서관에서 독서지도사와 함께하는 활동이다. 물론 사서 교사가 해도 무방하며, 독서지도사나 사서 교사가 없다면 외부 전문 인력이나 학습 코칭을 연수 받은 학부모가 담당해도 된다. 즉, 다양한 구성원들의 협력이 반드시 필요한 프로그램이다.

학생 내면에 어떤 문제가 있어 자꾸만 수업에 들어오는 것을 방해하는지 파악하기 위해 흥미로운 성장소설을 30분 정도 읽고 독서지도사와 5분 정도 책의 내용에 대해 이야기를 나누게 한다.

이 단계에서 학생의 문제가 드러난다. 어휘력이 부족한 학생이 자신이 모른다는 사실을 다른 사람이 아는 것을 두려워해서 자꾸만 수업을 피하려고 했음을 알게 되었다. 이 상태 그대로 방치하면 이 학생은 고등학교 3학년까지 수업 속에서 아무것도 하지 않고 잠을 자거나 학교 밖에서 문제를 일으킬 가능성이 크다.

또 집중력이 너무 부족해서 책 한 쪽을 끝까지 못 읽는 학생이 있었다. 물론 활동지조차 읽지 못했다. 이 학생에게도 역시 같은 방법으로 책을 읽고 이야기를 나누게 했더니 문제의 원인이 무엇인지 파악할 수 있었다.

위 학생들은 쉬운 동화책부터 시작해서 지속적으로 독서 활동에 참여하게 함으로써 조금씩 문제에서 벗어날 수 있도록 도와주었다.

이 프로그램을 통해 학생들의 마음에 어떤 상처가 있는지도 파악할 수 있다. 특히 그 상처의 근원이 어디에 있는지를 파악하면 먼저 담임 교사에게 아이의 상태에 대해 알리고 집으로 연락하여 상담이 필요하다는 사실을 전달한다. 이때 학생에 대한 상담뿐만 아니라 가족 구성원의 상담도 병행할 수 있다는 점도 함께 알려 가족의 동의와 협조를 구해 학생이 적극적으로 임할 수 있도록 한다.

이러한 프로그램으로 구성된 학습참가지원 연수가 끝나면 1주일 동안 모든 교사가 그 학생을 관찰한다. 다행히 학습 태도가 좋아지는 경우도 있지만 그렇지 않은 경우도 있다. 이때에는 학부모와 상담하고 나아질 때까지 지원하도록 한다.

연수를 통해 학생들은 학교에서 자신을 절대로 버려두지 않는다는 사실을 깨닫고 학교에 마음을 연 학생들은 교사를 믿고 따른다.

12

혁신학교 수업은 이것이 다르다

장곡중학교의 수업이나 교사들이 만든 활동지를 본 사람들은 수준이 높다고 평가한다. 2010년에는 3학년 수업을 본 사람들의 반응이 그랬는데, 지금은 어느 학년이든 어느 과목이든 관계없이 같은 이야기를 한다. 소위 말하는 교육 1번지의 학교도 아닌, 경기도의 중소 도시에 있는 학교의 수업 수준에 많은 사람들이 놀라는 까닭은 무엇일까?

혁신학교를 하기 전 2009년까지 학교에서 방과후 수업을 개설하면 꼭 학부모에게서 걸려오는 민원성 전화가 있었다.

"사회는 방과후 수업 안 해요?"

이런 전화를 받을 때마다 난감했다. 사회 과목은 수요가 적어서 방과후 수업을 개설해도 인원이 차지 못할 때가 많았다. 그래서 개설이 되지 않으면 반드시 전화가 걸려왔다. 학부모들은 학생들이 사회 과목을 어려워한다고 호소했다. 이해가 안 되는데도 외워야 시험을 볼 수 있으니까 너무 힘들어한다고 하였다. 2012년 시흥시혁신지구 내에 있는 학교들 중에도 이런 어려움 때문에 영어·수학이 아닌 사회과 보조 교사를 채용한 곳도 있다.

그런데 2012년, 3학년 학생들이 역사 수업 시간에 교사에게 이런 질문을 하기 시작했다.

"선생님 사회를 이렇게 안 외워도 되나요?"

이 질문에 담당 교사는 역사적인 배경과 흐름을 이해하면서 중요한 것들 몇 개만 기억하면 된다고 했다. 그리고 시험을 본 학생들은 "선생님, 정말 안 외우고도 시험을 잘봤어요"라며 기뻐했는데, 그 모습을 잊을 수 없다.

어떻게 이런 대화가 오갔을까? 정말 장곡중학교 3학년 사회 시험이 쉬웠을까? 장곡중학교 3학년 사회 시험은 흔히 하는 말로 '수능형 시험'이다. 교과서를 달달 외운다고 해서 잘 풀 수 있는 문제가 아닌데도 말이다.

혁신학교를 시작한 지 어언 4년째, 국어의 경우 학원 다니는 학생은 없을 뿐 아니라 아이들은 문제집이나 자습서는 아예 사지도 않는다. 영어나 수학도 2013년 중간고사 때 장곡동에 있는 학원들을 아노미 상태로 빠뜨렸다. 학원에서 족집게식으로 가르쳐준 문제와는 전혀 다른 문제를 출제했기 때문이다.

우리 학교 교사들은 아이들을 정녕 학원에 보낼 필요가 없다고 말하는데 아직도 학원에 보내야 마음이 편해진다는 학부모를 보면 안타까운 마음이 들곤 한다.

그렇지만 서서히 학부모 사이에서도 영어·수학 학원에 보낼 필요가 없다는 인식이 퍼지고 있다. 이러한 모습을 보며, 하루아침에 이루어지지는 않겠지만 혁신학교가 지속된다면 사교육이 학교 교육을 침해하지 않게 될 것이라 믿는다.

과제탐구형 수업 vs 교과서 중심의 수업

우리가 이렇게 확신하는 이유는 배움의 공동체 수업은 단순 지식을 주입하는 수업이 아니기 때문이다. 교과서의 내용을 단순히 풀어서 쉽게 설명하지 않는다. 수업 속 활동을 하면서 그 과목에서 배우는 내용을 이해하고 자신의 언어로 표현하게 한다. 더불어 과목에서 추구하고자 하는 본질을 교사의 전문성을 통해 익히도록 만든다.

그러면서 그 본질과 현실을 연결하여 수업 속에서 생각하고 대화하면서, 학생들은 교과서의 내용이 시험을 위한 것이 아니라 세상을 잘 살아가기 위한 것이란 것을 깨닫는다.

이런 수업을 위한 활동지는 혼자 만들기 어렵다. 같은 교과의 교사들이 함께 고민하고 연구해야 완성도 있게 만들어진다. 단순 지식을 암기해서 시험을 보도록 하는 수업은 우리 학교에서는 이미 2010년에 버렸다.

그렇기 때문에 한 학년에서 같은 과목을 가르치는 교사들의 합의와 협력이 그 무엇보다 중요하다.

한 명이라도 그 철학에 동의하지 않으면 배움의 공동체 수업을 하는 반 학생들이 철저하게 시험에서 손해를 볼 수 있다. 수업은 과제 탐구형으로 진행했는데 시험은 교과서에 나온 내용을 지엽적인 것까지 철저하게 암기해야만 풀 수 있는 문제가 출제된다면 학생들이 중요하게 생각하는 교내 시험에서 좋은 점수를 낼 수가 없다. 그렇기 때문에 이런 수업을 하는 학급에서는 시험 전에 암기형 시험에 대비해 밑줄 그어주는 수업을 따로 해야 한다.

이럴 때 학생들은 교사들에게 불만을 이야기한다. 왜 수업은 느슨하게 해놓고 시험 직전에 갑자기 진도를 나가냐고, 그리고 시험에 안 나오는 것을 수업 시간에 해놓고 정작 시험 직전에 암기해야 할 것들을 잔뜩 표시해 주냐고.

이런 일들은 어느 학교든 일어날 수 있는 일이다. 한 학년을 같이 가르치는 교사 중에 한 명이라도 교사 중심 수업을 한다면, 교과서의 내용을 한 자도 빼놓지 않고 열심히 가르친다면 시험을 출제할 때 그 기준은 교과서일 수밖에 없고, 교과서만 열심히 가르친 교사의 반 학생들에겐 교과서 이외의 것은 '가르쳐 주지 않은 문제'가 될 수밖에 없다. 그렇기 때문에 이런 상황에서는 시험은 교과서에서만 출제가 되어야 한다. 어쨌든 학교에서는 교과서가 기준이기 때문이다.

결국 수업을 과제탐구형으로 한 학생들은 시험 기간에 교과서의 세세한 연도와 왕의 이름 같은 지식들을 무조건 외우고, 시험을 준비하면서 부담은 점점 커진 반면 좋은 성적은 받지 못했다. 그래서 교과서만 철저하게 가르치는 교사의 반과 성적의 편차는 크다.

이럴 때 교과서만 철저하게 가르치는 교사는 비난 받지 않고 스트레스도 받지 않지만, 교과서를 재구성하여 현실과 연결 지으면서 과제 탐구형으로 수업 하는 교사는 비난과 스트레스를 동시에 받는다.

그런데 중요한 것은 교과서만 중점적으로 가르치는 수업은 수준 높은 수업이 될 수 없으며, 내신 이외의 다른 시험에는 경쟁력을 가질 수가 없다는 점이다.

교과서만 가르쳐서 학생들이 수능과 같은 시험을 잘 볼 수 있을까? 학교 시험 이외의 다른 대외 고사를 잘 볼 수 있을까? 교과서 이외의 것을 접하지 못하는 수업에서 통합적 사고력과 창의력이 키워질 수 있을까? 현실은 그렇지 않기 때문에 학부모는 자신의 자녀를 창의력을 키우는 학원에 보내고, 논술 학원에 보내고, 웅변 학원에 보내고 있다.

수준 높은 수업은 교과서의 인지적인 지식을 가르치고 외우게 해서 학교 시험을 잘 보게 하는 수업이 아니라, 주제를 가지고 함께 협력하고 탐구하고 그 결과를 통해 새로운 사실을 학생들이 알게 하는 수업이다.

교과서의 지식을 암기하는 것이 아니라 교과서를 통해서 자기 안에 새로운 배움을 창조하는 것이 바로 요즘 이야기하는 '배움 중심'의 수업인 것이다. 그러므로 이런 수업을 한다면 당연히 시험 문항도 달라지고, 평가 방식도 달라지고, 교육과정도 달라진다. 그리고 그렇게 될 때 현실적으로도 오히려 수능을 더 잘 보는 능력이 길러진다.

13

경청의 가치를 체험하는 'ㄷ'자 책상 배열

장곡중학교는 2010년 3월 2일, 처음으로 'ㄷ'자 배열로 앉아 수업을 시작했다. 지금도 많은 교사들이 이 배열에 의문을 제기한다. '왜 반드시 ㄷ자 모양의 배열이어야 하나?' '우리에게 익숙한 4분단 배열은 안 되는가?'

상당히 당혹스러운 질문이다. 답부터 하자면, 반드시 ㄷ자 모양의 배열이 아니어도 된다. 4분단 배열이라도 모든 학생들이 배우는 수업, 높은 수준의 학습이 이루어지는 수업이라면 모두 배움 중심의 수업이라고 할 수 있다.

그러나 생각해 보면 모두가 앞을 바라보는 교실은 '지식을 전달하는 전달자의 입장'에서 진행하기에 편안한 배열이다. 수업 역시 교사가 교

ㄷ자 모양으로 앉은 모습 이 구조는 교사가 수업을 시작할 때 활동을 지시하고 설명할 때 활용된다. 이 배열은 경청의 가치를 익힐 수 있게 한다.

모둠 활동이 필요하면 책상을 살짝 돌린다. 그럼 4명이 한 조가 되어 모둠 활동을 할 수 있는 구조가 된다. 아이들은 '트랜스포머'라고 매우 좋아하는데, 이 활동은 10~15분을 넘기지 않는 것이 좋다.

〈모둠 활동 모형〉

과서 내용을 학생들이 이해하기 쉬운 형태로 풀어서 설명하는 데에 그친다. 즉, 교사 중심의 수업으로 흘러가므로 아무리 수업을 잘하는 교사라 하더라도 '단 한 명의 학생도 수업에서 벗어나지 않게' 할 수가 없다.

그런데 배움의 공동체에서는 교사 또는 주변의 친구들과 함께 수업을 만들게 되므로 자연스럽게 소통하기에 가장 좋은 배열을 찾는다. 학생이 중심이 되는 수업에 적합한 것이 바로 ㄷ자 배열인 것이다. 앞의 사진과 같이 학생들은 서로 붙어 앉아 스스로 교과서를 찾거나 친구들에게 물어가면서 배움의 주인공이 된다.

이러한 수업 활동을 통해 교사와 학생들은 배움의 기본이 '경청'임을 깨닫는다. 교사가 학생의 말을 듣고, 학생이 교사의 말을 듣고 학생이 학생의 말을 귀 기울여 듣는 모습 말이다.

14

'완성된 수업'이란 있을 수 없다

2011년 4월에 학교가 한바탕 뒤집어진 적이 있었다. 학년별 수업 공개와 더불어 수업 컨설팅이 있었는데 학교를 한 바퀴 돌아본 손우정 교수[2]가 "앞으로 장곡중학교는 수업 공개를 하면 안 되겠다"고 이야기한 것이다.

1학년은 경청이 되지 않고, 교사들은 아이들을 제압하느라 수업에 몰입하지 못해 배움이 일어나지 않으며, 3학년은 무늬만 수업을 하고 있고, 배움에서 떨어져 나가 있는 아이들이 수두룩한데도 교사들이

---

2) 손우정 교수는 현재 배움의 공동체 연구회 대표로서 1년에 200회가 넘는 전국의 초·중·고등학교 수업을 직접 관찰, 분석하며 컨설팅을 펼치고 있다. 혁신학교 첫 해, 학생 연수를 어떻게 해야 하는지에 대한 정보가 전혀 없어서 손우정 교수님께 연수를 부탁드렸다.

방치하고 있다는 것이었다. 손 교수는 당분간 학교 공개를 하지 말고 다시 시작하라고 했다.

그때 2011년부터 우리 학교는 이미 1학기 수업 공개 신청이 마감된 상태였고, 그 이외에도 밀려드는 수업 공개 신청 요구를 감당하지 못하는 상태였다.

이런 상황인데 수업 공개를 하면 안 된다니, 그런 청천벽력이 없었다. 손 교수는 2학년만 빼고는 도저히 배움이 일어나는 수업이라고 말할 수 없고, 다시 2009년 상태로 퇴보했다고 했다. 문제는 아이들이 아니라 교사들이라는 것이 더 큰 충격이었다. 교사들이 수업을 제대로 못하며 자리 배치만 ㄷ자로 해놓고 교사 중심의 일제식 수업을 한다는 것이었다.

그 말을 듣는 순간, 우리의 안일하고도 대책 없는 현실 인식이 문제를 만들었다는 반성이 들었다. 2010년에 수업 혁신이 완성되었다고 생각했던 우리의 미숙함이 결국 이러한 결과를 가져온 것 같아 답답했다.

문제가 무엇인지 먼저 알아차리는 것이 급선무였다. 2010년, 몇몇 교사와 3학년 일부 학급을 제외하고 우리는 전 교실을, 전 교과를 학생 중심 수업으로 다 바꾸었다. 그것을 바탕으로 좀더 노력하면 2011년에는 더 완벽한 수업 혁신이 되리라 확신했다.

2011년이 되자, 2010년에 3학년을 맡았던 교사들 중 배움의 공동체 수업을 하지 않았던 2~3명은 개인적인 이유로 다른 지역으로 전출하고, 2~3명이 남았다. 그리고 17명의 인원이 교체되었는데 그 사람들

중 11명은 기간제 교사와 4명의 신규 교사, 2명의 경력 교사였다. 그러니까 총 50명의 교원 중에 배움의 공동체 수업을 하는 교사와 처음인 교사가 거의 반반인 상황이 벌어진 것이다.

그러나 2010년에 수업 혁신이 이루어졌고, 그 경험을 함께 했던 사람들이 새롭게 온 사람들을 잘 끌고 갈 것이라고 안일하게 생각한 채, 교사 연수를 대충 하고 말았던 것이다.

그 결과가 2011년 5월에 나타났다. 어느 누구의 잘못이 아니라 사태를 제대로 파악하지 못한 혁신부장인 나의 잘못이었다. 1년 동안 꾸준히 연수 받고, 수업 컨설팅을 받고, 연구회를 한 사람들과 처음 부임하여 수업을 바꾸라고 요구 받는 교사 반씩 섞여 있다는 현실을 제대로 파악하지 못한 나의 불찰이었다.

새로 온 교사들에게 정말 미안했다. 2월에 단 한 번 배움의 공동체 수업 철학과 운영 원리, 수업 디자인하는 법을 아주 속성으로 연수해 놓고 수업을 하라고 떠밀고, 딱 한 번 내 수업을 공개한 것으로 내 할 일을 다했다 생각했다. 그리고 단 한 번도 수업을 봐주거나 도움을 주지 않으면서 수업만 바꿀 것을 무언의 압력으로 행사했다는 사실을 깨닫게 되었다.

게다가 1학년 수업 공개를 마친 후, 손 교수는 교사들의 수업 참관 태도와 수업을 보는 안목이 왜 이렇게 낮아졌냐며, 너무 자만하는 게 아니냐며 울상을 지었다. 수업을 공개했던 교무부장의 실망도 이만저만이 아니었다.

교사의 수업 공개는 공개일 뿐이다. 수업 공개가 생명을 얻으려면,

연구회에서 참관한 교사들이 수업에 대한 수준 높은 해석과 섬세한 관찰 결과를 내놓아야 한다. 그런데 그날 1학년 수업연구회에서는 수준 높은 해석은 고사하고, 참관 태도마저 이루 말할 수 없을 정도 민망한 교사가 있었다고 하였다. 손 교수는 어떻게 장곡중학교가 이렇게 되었냐고 했다.

정말 참혹한 심정이었다. 외부에서는 계속 수업을 보여달라 요청이 쏟아지고 있는데 컨설턴트는 학교 문을 닫을 것을 요구하고 있었다. 모두들 우리를 보고, 희망을 보고, 달려들고 있는데 당분간 수업 공개를 하지 못한다는 이야기를 차마 할 수는 없었다.

부랴부랴 협의회를 열었다. 교사 연수를 학년별로 다시 하기로 했다. 교사들 연수를 학년별로 한 후, 3학년 학생들을 3~4개 반으로 나누어 토요일 3시간 동안 각각 연수를 하였다.

그렇게 학교를 다 뒤집어엎어 놓고 나니 점차 다시 수업이 되돌아왔다. 이 가슴 졸인 한 달은 '공립학교에서 수업 혁신의 완성은 절대 있을 수 없다'는 것을 실감하는 기간이었다. 혁신학교가 지속되기 위해선 컨설턴트가 돌보아주지 않게 되더라도, 혁신을 담당했던 교사가 다른 학교로 전출을 가도 유지할 수 있는 장치를 마련해야만 그간의 노력이 허사가 되지 않는다는 것도 깨달았다.

이후 우리는 해마다 교사 연수를 고민하게 되었다. 그 결과 2012년부터는 전입 교사에 대한 개인별 컨설팅 프로그램을 2013년부터는 개인별 컨설팅뿐 아니라 학교 전체의 교육과정 구성과 수업의 질 관리를 지속할 수 있는 시스템을 마련하여 운영하고 있다.

15

학부모를
이해시켜라

　혁신학교를 시행하며 학교 수업이 바뀌는 것을 알리기 위해 2010년 3월 학부모 총회에서 손우정 교수가 직접 '배움의 공동체'에 대해 학부모 연수를 한 적이 있다.

　그 이후에도 5월, 다시 한 번 학부모를 위한 '배움의 공동체 설명회'가 열렸다. 이 설명회는 혁신부장인 내가 직접 학부모를 대상으로 진행했는데 손우정 교수의 모습을 보고 배웠기에, 다행히도 교사의 입장과 학생의 입장까지 곁들여서 설명할 수 있었다.

　또한 수업 공개 장면을 찍은 비디오를 직접 보여주며 수업에 대한 이해를 높였다. 교사들이 수업연구회를 진행하는 장면도 함께 보면서 장곡중학교 교사들이 수업 혁신을 얼마나 중요하게 여기고 실천하려고 노력하는지도 공감할 수 있게 했다.

이런 이해를 바탕으로 학교도 공개했다. 학교 공개의 날에는 학교 공개 전에 배움의 공동체에 대한 설명회를 가져 부모님들이 수업 전반에 대한 이해를 갖고 수업을 참관하도록 하였다. 수업의 변화를 알고 이해를 하면서 수업을 참관했던 부모님들은 학생들이 수업 속에서 서로 의견을 나누고, 발표하고; 협력하는 모습을 보면서 무척 만족해했다.

공부 잘하는 몇몇 학생만이 발표를 많이 하거나 두드러지는 수업이 아니라 모두가 주인공이 되어 협력하고 발표하며, 수업에 적극적으로 참여하는 모습을 흡족해했다. 또한 교사들이 학생들에게 다가가서 설명하고, 한 명 한 명 보살피며 수업을 만들어가는 모습에 교사들을 인정하기 시작했다.

수업을 바꾼다는 것은 교사들에게도 어려운 일이지만, 학부모에게도 선뜻 받아들이기 힘든 일이다. 자신들이 학창시절에 받았던 수업 경험과 자신들이 치렀던 시험에서 자유로울 수 있는 사람은 아무도 없기 때문이다.

교과서를 충실히 가르치기를 바라는 학부모에게 교사가 직접적으로 가르치지 않고 학생들의 배움을 일으키는 방식, 학생 중심 활동의 방식으로 수업을 바꾸겠다는 학교의 의도는 걱정스럽게 받아들여질 수 있었다. 무엇보다 초반에는 학생들의 학력을 떨어뜨리지 않을까 하는 우려가 심했다. 특히 학력이 높은 학생의 부모님들의 걱정은 현실적으로 수업 혁신을 하는 데 장애물로 다가왔다.

이를 반증이라도 하듯, 학기 초 학교운영위원회에서 학부모위원들이 혁신학교에 대한 우려를 직접 표현하고 나섰다. 학생들이 제멋대로 행동하고 머리도 단정하지 않고, 복장도 불량하고, 얌전히 수업을 듣는 태도도 찾아볼 수 없고, 다른 학교 학생들에 비해 불량해 보이기까지 한다는 것이었다. 학부모들은 원래로 돌아가서 학생 생활 지도를 더욱 강화하고 더 열심히 가르쳐달라고 요구하였다.

학교는 학부모위원들의 이런 요구를 거절하기 어렵다. 그렇지만 우리는 더욱 적극적으로 학부모들을 설득했다. 이때 학부모에 대한 설득은 말로 하는 설득도 필요하지만 학교가 변화하는 부분을 함께 나누고, 함께 알아가는 것이 중요하다.

배움을 중심으로 한 수업이 결코 가르치지 않는 수업이 아니라 교사가 가르치는 부분을 학생들이 활동하면서 몸소 알게 되기에, 가르치는 것보다 더욱 효과적이라는 사실을 교사가 만든 학습지도안과 학생활동지로 설명했다.

교사는 질 높은 수업을 추구하기 때문에 기존의 학습 목표를 뛰어넘는, 학원에서는 가르치기 힘든 과제를 제시하고 그 과제를 해결하는 과정 속에서 공부 잘하는 학생들과 그렇지 않은 학생들이 협력하고 그를 통해 서로의 성장이 일어난다는 것도 설명했다.

공부 잘하는 학생들은 다른 학교에서는 받아보지 못한 수준 높은 수업을 받고 있으며, 그것은 학생을 입학 시험뿐 아니라 그 어떤 시험도 해결할 수 있는 사람으로 길러낸다는 점도 덧붙였다.

그리고 교실을 개방하여 학부모의 눈으로 직접 확인하도록 했다. 교사들이 모여서 수업을 공개하고 연구회를 할 때도 학부모를 초청하여 교사들의 노력을 확인할 수 있도록 했다. 특히 국가수준성취도 고사에서 좋은 성적이 나왔을 때도 데이터를 학부모와 공유했다. 그러자 서서히 학부모가 변화된 수업을 받아들였을 뿐 아니라 변화된 수업을 지지해 주는 강력한 지원자가 되었다.

가끔씩 다른 학교 교사들에게 받는 단골 질문 중 하나가 바로 학부모들이 '왜 교사들이 가르치지 않느냐?'고 항의를 한다는 것이다. 그래서 학부모가 바뀐 수업 방식에 대해 이해를 하고 있냐고 물어보면 아니라고 답을 한다. 이어 학부모를 대상으로 바뀐 수업에 대한 연수를 했는지를 물어보면 다들 아니라고 이야기하면서 미처 생각하지 못했다며 안타까워한다.

지금도 우리의 생각은 변함이 없다. 학부모가 수업을 이해하지 못하면 수업은 바꾸기 힘들다. 그러나 학부모가 수업의 지원자가 되면 학교는 강력한 혁신의 힘과 그것을 지속할 수 있는 원동력을 갖추게 된다.

16

혁신학교,
성적이 오르다

“이 아이들이 고등학교에 진학하면 다시 주입식 수업으로 돌아가야
하는데, 괜히 이렇게 공부했다가 더 중요한 시기인 고등학교에 가서 적
응하지 못하는 건 아닐까요?”

이런 질문에 장곡중학교 교사들은 어떻게 대답을 할까?

몇 년 전 한 TV 프로그램에서 남한산초등학교 졸업생들을 인터뷰
한 적이 있다. 졸업생들이 대학생이 되었는데, 그들 모두 남한산초등학
교 때 받은 교육의 힘으로 대학까지 잘 다니고 있다고 했던 말이 기억
에 남는다. 그 학생들은 남한산초등학교를 다닐 때의 행복한 기억과
그때 깨우쳤던 공부하는 방법 덕분에 앞으로도 잘 살아갈 것이라고
생각한다.

2010년 7월, 참교육학부모회 윤숙자 정책위원장이 우리 학교 학부모들을 인터뷰하고 싶다고 해서 방문한 적이 있다. 인터뷰는 윤숙자 위원장이 해야 했는데, 오히려 우리 학교 학부모들에게 인터뷰를 당했다. 그때 우리 학부모들이 위원장에게 매우 걱정스러운 얼굴로 물었다고 한다.

"지금은 아이들이 학교를 행복하게 잘 다녀서 좋은데 이 아이들이 고등학교에 가도 적응할 수 있을까요? 그때는 고등학교도 혁신학교가 생기겠지요?"

이렇게 묻자 윤숙자 위원장은 이렇게 답변했다.

"우리 아들이 그 유명한 남한산초등학교를 나왔습니다. 거기서 행복하게 초등학교를 보냈지요. 졸업 후 일반 중·고등학교를 다녔고, 사교육을 받은 적도 없습니다. 그런데 누가 시키지 않아도 스스로 공부하고 학교에도 빨리, 그리고 잘 적응하더라구요. 지금은 사람들이 인정하는 좋은 대학교를 다니고 있습니다. 사교육에 의지하지 않고 이정도면 성공이라고 생각하는데, 아닌가요?"

그 당시는 우리 학교가 혁신학교를 시작한지 4개월밖에 되지 않아 혁신학교 수업에 대한 걱정과 아울러 졸업 이후에 아이들이 어떻게 될 것인가에 대해 학부모들의 걱정이 많았을 것이다. 지금도 그런 걱정에서 완전히 해방되었다고는 생각하지 않는다.

그렇지만 교사들이 오히려 되묻고 싶을 때가 있다. 초등학교, 중학교에서 교사 중심의 주입식 수업 속에서 공부라고 하면 학교를 지긋지긋하게 생각하는 학생들이 고등학교, 대학교에 가서 공부에 재미를 붙이고 더 잘할 것인가, 아니면 장곡중학교에서 웃는 얼굴로 수업을 재미있다고 말하는 학생들이 고등학교, 대학교에 가서 더 잘할 가능성이 있는가를 말이다.

적어도 장곡중학교를 나온 학생들은 공부를 지긋지긋하게 생각하지 않는다. 그래서 우리는 아이들이 상급학교에 진학해서 부딪힐 팍팍한 삶도 중학교 시절의 행복했던 기억으로 이겨낼 것이라 믿는다.

실제로 2013년 장곡중학교 졸업생들이 진학한 고등학교에서 아주 잘하고 있다는 말을 듣는다. 특히 모둠 활동이나 토론식 수업에서 빛을 발하고 발표를 조리있게 잘한다고 한다. 학부모들도 이런 이야기를 들으면 중학교에서 했던 수업이 고등학교에서 적응을 하지 못하는 요인으로 작용할지 모른다는 우려를 없앨 수 있을 것이다.

그리고 또다른 질문들도 있다. '배움의 공동체 수업을 하는 것도 좋고 혁신학교도 다 좋은데 성적은 어떠냐? 나쁘지 않냐?'라는 질문이다.

이런 질문을 들을 때에도 장곡중학교 교사들은 거꾸로 물어보고 싶어진다. 교사가 단 한 사람도 포기하지 않고 이끌어가는 수업에서 성적이 낮아질 수 있을까. 그리고 선행 학습자가 있는 상태에서 학습 목표까지만 진행하는 수업과 매시간마다 학습 목표를 뛰어넘는 높은 수준의 과제를 해결하는 수업 중 어디에서 공부한 학생들이 성적이 낮을까.

교사들이 수업에서 좌절하는 많은 이유가 학생들이 수업에 참여하지 않기 때문이다. 그러나 배움의 공동체 수업은 학생들의 모든 참여를 끌어내려고 애쓰는 수업이며, 언제나 수준 높은 과제를 해결하는 수업이기 때문에 학생들의 학력은 시간이 지날수록 더욱 높아진다.

특히 이런 수업을 받은 학생들은 인지적인 내용을 묻는 시험보다는 통합적인 사고력, 문제해결력이 필요한 시험에 더욱 강하다. 그래서 장곡중학교의 시험 문제는 다른 학교와 다르다. 쉽게 표현하자면, 수능형 시험문제가 많이 출제된다. 그래서 대외 고사에 학생들이 강하다. 이런 사실은 국가수준학업성취도 평가를 보면 객관적인 판단이 가능하다.

표에서 보듯이 혁신학교를 하기 전인 2009년도에 비하여 2010년에는 전체 평균 보통 이상 학력의 비율이 73.34퍼센트로 9.06퍼센트나 증가하였다. 기초학력미달 학생의 경우는 전년도 7.59퍼센트에서 2.41퍼센트로 5.18퍼센트나 줄어들었다. 이 정도로 학력이 신장한 것은 일반적인 학교에서는 보기 드문 일이다.

2011년이 되면서는 보통 이상 학력 비율이 전년도인 2010년에 비해 75.18퍼센트로 1.84퍼센트나 늘어났다. 기초미달 학생의 비율은 전년도 2.41퍼센트에서 0.96퍼센트로 줄어들었다. 특히 영어의 경우는 한 명도 기초미달 학생이 없다.

이처럼 혁신학교를 시행하며 가장 먼저 부딪히게 되는 수업과 학생들의 성적 문제는 일반적으로 우려하는 바와 다르다는 것을 알 수 있다. 이는 성적이라는 현실적인 이유에서라도 혁신학교가 왜 중요한지를 보여주는 단적인 예이기도 하다.

<국가수준학업성취도평가>

구분	국어(퍼센트)			사회(퍼센트)			수학(퍼센트)		
	보통이상	기초학력	기초미달	보통이상	기초학력	기초미달	보통이상	기초학력	기초미달
2009	70.02	25.24	4.74	64.12	28.44	7.44	55.32	33.46	11.22
2010	81.2	17.06	1.67	77.85	18.47	3.68	66.89	31.1	2.01
향상도	11.25	▽8.18	▽3.07	13.73	▽9.97	▽3.76	11.57	▽2.36	▽9.21
2011	88.9	10.8	0.3	64.7	33.6	1.7	74.3	24.3	1.4
향상도	7.63	▽6.26	▽1.37	▽13.15	▽15.13	▽1.98	7.41	▽6.8	▽0.61

구분	과학(퍼센트)			영어(퍼센트)			전체평균		
	보통이상	기초학력	기초미달	보통이상	기초학력	기초미달	보통이상	기초학력	기초미달
2009	59.73	32.25	8.02	72.22	21.26	6.51	64.28	28.13	7.59
2010	66.78	30.2	3.02	73.91	24.41	1.67	73.34	24.25	2.41
향상도	7.05	▽2.05	▽5	1.69	3.15	▽4.84	9.06	▽5.14	▽5.18
2011	69.6	29.0	1.4	78.4	21.6	0	75.18	23.86	0.96
향상도	2.82	▽1.2	▽1.62	4.49	▽2.81	▽1.67	1.84	▽0.39	▽1.45

17

교과서 지식
그 이상의 배움

장곡중학교에서는 프로젝트 학습이 다양하게 펼쳐진다. 교과들을 통합하여 교과통합프로젝트 학습이 만들어지기도 하고, 각 교과에서 단독으로 프로젝트 수업을 하기도 한다.

현재 장곡중학교 1학년 학생들은 '아낌없이 주는 너와 나'란 주제로 2013년 교과통합프로젝트 수업을 하고 있다.

학기 초에 학생들은 국어 시간에 화단에서 '내 나무'를 정한다. 시간이 지나 꽃이 핀 후 화단의 식물들을 다시 관찰하면서 시를 짓는다. 음악 시간에는 음보를 배워 국어 시간에 지은 시를 3, 4 음보에 맞게 고치고, 곡을 붙여 작곡한다.

과학 시간 식물을 배우는 과정에서 '내 나무'의 특징을 이해하며, 기술

시간에는 효소를 만들어 '내 나무'에게 선물한다. 미술 시간에 자신이 지은 시를 시화로 만들어 '내 나무'에게 걸어주면 프로젝트가 마무리된다.

이 프로젝트를 수행하며 학생들은 교과에서 배운 대로 자연을 사랑하고 자연에게서 받은 혜택을 다시 돌려주는 삶의 태도를 배울 것이다. 2014년에는 도덕 교과가 합류해서 생명존중 교육이 포함될 것이라고 하고, 시흥시청의 초록배움터 사업과 연대하면 우리 학교의 화단과 생태계에 대해 전문가에게 더 정밀한 수업을 받을 수 있게 되니 더욱 기대가 된다.

이런 대형 프로젝트가 2학년에도 있다. '흙 속에 담긴 낯선 기억을 찾아서'라는 학습인데, 이것은 국어·한문·미술·국사·과학과가 함께 기획해서 진행하는 교과통합프로젝트 수업이다.

5월, 학교 텃밭에 만들어진 모의 유구에서 유물 전문가를 초빙하여 유물에 대한 설명을 듣고 실제로 모의 빗살무늬토기를 발굴하는 작업을 한다. 교실로 돌아오면 유물이라는 주제로 만들어진 활동지를 해결한다. 이것이 국사 시간의 활동이다.

과학 시간에는 방사성 원소 반감기를 이용해서 유물의 시대 추정에 대해 공부한다. 국어 시간에는 설화를 창작하면서 인물과 시대, 주제를 익힌다. 한문 시간에는 국어 시간의 활동을 한문으로 바꾼다. 미술 시간에는 자신의 설화에 등장하는 유물을 제작한 후 학교 운동장에 묻고, 설화에 어울리게 고지도를 그린다.

10월에는 묻은 유물을 발굴하여 축제 때 전시하면 활동은 끝이 나는데, 이를 통해 학생들은 역사가 개개인의 소소한 일상이 모여 만들어진 것이며 그렇기 때문에 각자의 작은 일상을 부끄러움 없이 잘 살아야 한다는 것을 깨닫는다.

즉, 교과통합프로젝트 수업을 통한 학습이 학생들에게 배우는 즐거움과 동시에 통합적인 사고력이나 창의력, 문제해결력을 종합적으로 길러준다는 것을 알게 되었다.

교과를 연결한 주제 아래 활동을 하면서 학생들은 다양한 시각으로 어떤 문제를 바라볼 수 있는 안목을 길렀다. 또 어느샌가 교과목을 스스로 연결하여 생각하고 있었다. 이런 능력은 학생들의 확산적 사고를 촉진하는 기폭제가 된다.

예를 들어 국어 시간에 안중근을 비평하라고 하면, 한문 시간에 배운 군자의 덕목을 국사 시간에 배웠던 일제 식민지 시대와 연결짓는다. 안중근의 자서전에 나오는 '나라를 구하려고 목숨을 바친 열사'라는 책 한 문장을 뛰어넘어 그가 군자로서 대의에 눈을 뜨고 실천을 했으며, 인간으로서 마땅히 가질 수 있는 두려움을 떨치고 당당하게 죽음을 맞이하는 품격을 지녔다고 평가를 내린다.

이것은 학생들이 서로 통합되고 융합되어 새로운 지식을 생산하는 역량, 미래 지식 역량을 가진 아이들로 성장하는 것을 의미한다.

이런 대형 프로젝트 수업 이외에도 소소한 통합프로젝트 수업은 일상에서 다양하게 펼쳐진다.

교과통합프로젝트 수업은 처음에는 학기말·학년말·중간고사 후 등 수업이 흐트러질 수 있는 시점에 시도가 되었지만 교사들의 역량이 길러지면서 지금은 1년 내내 진행되고 있다.

수업이 바뀌면 학교도, 교사도, 아이들도 변한다. 학기 말 영화 만들기 프로젝트 수업을 하면서 주어진 과제에 푹 빠진 아이들의 모습을 보면서 새삼 혁신학교의 힘을 느낀다.

결국 교과목이 모두 창의적인 교과교육과정을 생산하는 것으로 이어지고 결과적으로 장곡중학교 고유의 학교 교육과정으로 거듭나게 되었다. 이것은 장곡중학교의 교육과정은 특정 프로그램으로 실현되는 교육과정이 아니라, 수업 속에서 펼쳐지는 교육과정이라는 데 큰 의미가 있다.

프로그램으로 만들어진 교육과정은 대부분 수업과는 무관하게 학교 행사로 진행된다. 수업과 무관한 학교 행사는 교원 업무를 폭증하게 하고 진지한 수업 분위기를 망치기 쉽다. 이렇게 되면 학생들은 수업에서 빠져나가려고 하고, 교사들의 자존감은 하락하여 "이게 무슨 혁신학교냐"며 회의감을 느낀다. 그렇기 때문에 수업이 밑바탕에서 받쳐주는 환경 속에서 교육과정이 재구성되어야 한다.

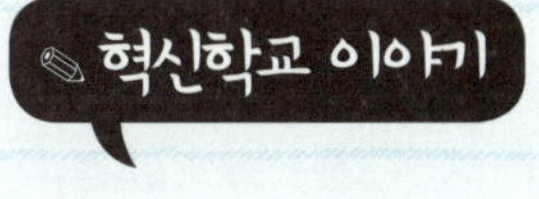

새내기 교사,
'배우는 전문가'가 되다

장곡중학교 교사 손가영 님

2010년 첫 발령을 앞두고부터 '어떤 교사가 되어야 하나'라는 질문에 대한 나의 대답은 늘 '잘 가르치는 교사'였다.

'잘 가르치는 교사', 교사라면 누구나 꿈꾸는 모습일 것이다. 하지만 나는 가장 중요한 사실을 간과하고 있었다. 교사인 나의 입장에서 '가르치는 것'이 학생들의 입장에서 '배우는 것'과 같다고 할 수 없었다.

모두가 이러쿵 저러쿵 말하는 교직관과 교사상에 과연 학생들의 '배움'에 대한 고민이 포함되어 있는 걸까? 아니, 그전에 '배움이 무엇인가'에 대한 고민부터 필요한 것 같다.

'가르침'과 '배움'은 같은 것일까? 같다고 해보자. 내가 잘 가르치기만 하면 아이들은 내가 가르친 대로 배울 것이다. 그러나 아이들은 절대 내가 가르친 대로 배우지 않는다. 그들 나름대로 '아하!' 하는 순간이 시시각각 다르며, 똑같은 논리도 아이들만의 언어로, 산발적으로 풀려 나간다. 다양한 아이들이 있는 만큼 배움도 다양하다.

교사가 되기 전에, 그리고 장곡중학교에 발령받기 전까지 나는 한번도 '학생들의 배움'에 대해 생각해 본 적이 없다. 내가 할 일은 '가르치는 일'이라고 생각했고, 교과서의 지식들을 어떻게 잘 정리해서 아이들에게 효율적으로, 알아듣기 쉽게 전해줄까를 고민할 뿐이었다.

하지만 안개에 싸여 있던 '배움'의 본질이 껍질을 깨기 시작한 것은 '배움의 공동체' 철학을 만나고부터였다. 모두가 함께 배우는 학교를 만들자는 일. 여기서 말하는 '모두'에는 학생들의 배움뿐만 아니라 교사들간의 배움, 그리고 학부모, 지역 사회의 협력까지 포함되어 있다.

아이들은 점수를 잘 받기 위해서, 또는 시험을 잘 보기 위해서 공부한다. 성적에 관심이 없는 아이들의 입에서는 자연히 "도대체 이걸 왜 배워야 하는데요?"라는 말이 나올 수밖에 없다.

배움이란 절대 교과서 안의 이야기가 아님을 알려주고 싶었다. 영어의 경우, 한마디를 하더라도 자기를 표현할 수 있어야 한다. 세상에서의 영어, 진짜 영어를 배우는 것이다. 영어를 수십 년 공부한 나조차 교사가 되어서야 '내가 교과서에서 가르치는 영어와 영어권 국가에서 실제로 사용하는 말과 너무 다르구나'라고 깨달았다. 우리 아이들은 더 빨리 이를 알았으면 좋겠다.

그래서 나는 배움의 공동체 철학을 실천하면서 교과서의 각 차시별 주제나 소재들을 아이들의 삶과 현실 세계와 어떻게 연결시킬까를 고민하고,

또 고민했다. 그리고 그러한 소재들을 아이들이 함께 배울 수 있는 과제로 디자인했다.

과제를 해결할 아이들은 혼자가 아닌 친구들과 함께 배우고 소통한다. 이는 우리가 인생을 살아가는 방식과 같다. 세상을 혼자 살아가는 사람은 아무도 없다는 듀이의 말처럼, 교육의 시작은 의존할 수 있을 때 일어난다. 친구들에게 의존할 수 있어서 편안한 마음으로 배움을 시작하는 경험들을 통해 자립할 수 있다.

이런 방식으로 배우고 소통하는 아이들은 어떤 상황, 어떤 세상에서도 배울 수 있다. 교육의 목적은 학생들을 배우는 전문가로 키우기 위함이다. 배우는 한 절대 스스로를 포기하는 일이 없기 때문이다.

또 장곡중학교에서는 교사들은 서로가 서로에게서 배운다. 교과를 불문하고 수업을 공개하고, 교사들은 학생들의 배움을 관찰한다. 수업공개 후에는 모든 교사들이 모여 수업연구회를 통해 학생들의 배움이 일어난 지점, 소통하는 방법, 그리고 그 수업에서 자신이 배운 점을 이야기한다.

영어 교사인 나는 국어 수업뿐만 아니라 수학·사회·음악·기술가정 등 다양한 교과들의 수업을 보고 배운다. 이런 과정들은 내가 '교과전문가'가 아닌 '교육전문가'로서 아이들의 배움을 생각하게 해준다.

교사들이 서로 배우는 전문가로서의 동료성을 구축하면 학생들 역시 교사들의 그런 태도에 영향을 받게 된다. 잠재적 교육과정으로서 배움은 도처에서 일어나며 교사가 은연중에 학생들에게 미치는 영향은 대단하다. 교사가 배우는 전문가로서 학생들과 소통할 때, 학생들 역시 그 배움의 기류에서 벗어날 수 없다.

학교는 배움의 샘과 같다. 고여 있지 않고 계속해서 샘솟는 샘처럼 학교에서의 배움도 맑고 지속적이어야 한다. 그러한 배움을 위해 노력하는 방법과 즐거움을 깨닫게 해준 장곡중학교에서 교사로서의 생활이 너무 행복하다.

방학 다음날 별다른 계획도 없이 혼자 밟는 뉴욕 땅에서 나는 누구에게 어떤 도움을 요청할지, 그리고 누구로부터 어떤 도움을 받을지 알 수 없다. 하지만 배우는 전문가인 나는 두려움이 없다. '배우는 자세'로 세상을 향해 나아간다면 해내지 못할 것은 없다고 믿는다. 우리 아이들도 훗날 배우는 전문가로 세상을 향해 힘찬 한 걸음을 내딛을 것이라 믿는다.

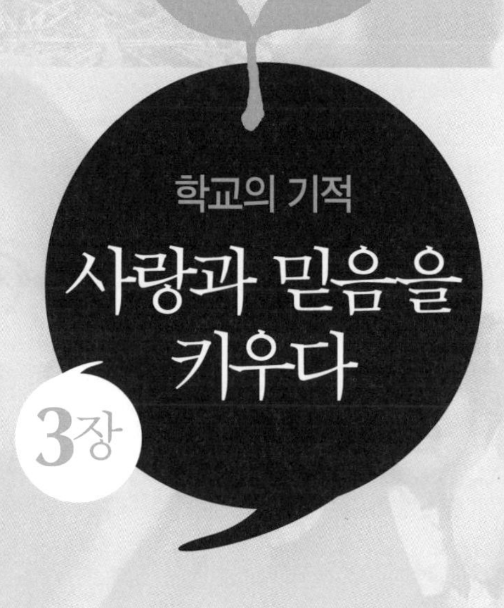
학교의 기적
사랑과 믿음을
키우다
3장

18

교사는
연결되어야 한다

우리 학교에서는 교사들이 서로 자유롭게 이야기를 나누다가, 방학 때 연수를 함께 떠난 교사들이 밤에 도란도란 이야기를 나누다가 교과통합프로젝트 수업을 만들어내기도 한다. 이런 것은 장곡중학교 교사들이 특별하기 때문이 아니다. 장곡중학교가 만들어낸 교사 문화 때문이라고 생각한다.

혁신학교는 새로운 프로그램을 뚝딱뚝딱 만들어내는 것도 아니고, 새로운 제도를 만들어내는 것도 아니다. 새로운 문화, 변화된 시대에 맞게 끊임없이 학교 문화를 만들어가는 것이다.

문화란 무엇인가? 공기같이 너무나 익숙해서 그 안에 있는 사람들은 미처 인식하지 못하지만, 밖에서 보면 다른 것과 차별화되는 생각과 삶의 방식이 바로 문화라 생각한다.

어느 때부터인가 교사들은 교무실에서 각자 지독히 독립적인 섬으로 변해갔다. 옆 동료가 무엇 때문에 바쁜지, 무엇을 신경 쓰는지 관심을 쏟고 싶지도 않고, 관심을 쏟을 만큼 한가하지도 않았다. 학교에서 교사 한 사람, 한 사람이 파편으로 존재했다.

그러나 교육은 교사 혼자서 할 수 있는 것이 아니다. 함께 가르치고, 함께 성장하는 것이 교육이다. 그래서 교육은 경쟁이 아니라 협력적인 작업인 것이다.

특히 초등학교보다 중등학교의 경우에는 한 학급에 들어가는 각 과목별 교사들이 씨줄과 날줄이 되어 학생들을 가르치게 된다. 그렇기에 과목들이 따로 나눠져 있더라도 서로 연결되어 있어야 하며, 학교에서는 당연히 과목별로 가르치되 동시에 과목별로 나누어진 지식들을 연계하고 통합하는 작업을 교육과정 속에서 살려야 한다.

자신만의 교육과정을 디자인하라

많은 교사들이 '학습자 배움 중심 수업'이라는 말을 자주 듣는다. 기존에 교사 중심이던 수업을 학생 중심으로 하라는 이야기일 것이다. 좀더 학교 현실에 맞게 말하면, 교사가 교과서의 진도를 따라잡으려 애를 쓰는 교육이 아니라, 수업 속에서 학생이 배움을 실현할 수 있도록 활동적인 면과 체험적인 측면을 고려하여 수업을 디자인하라는 말이다. 학생이 중심이 되어 교사가 설계한 수업 속에서 스스로 활동하고 그를 통해 배울 수 있도록 만들어야 한다.

또한 그 배움은 활동과 체험을 통해 이해하여 확실한 자기 것으로 만들고 그 결과에 파생된 다른 것을 창안하고 실천한다는 의미의 지식을 터득하게 하는 것이다.

따라서 학교에서 교육과정이 중요하다는 것은 새삼 강조할 필요가 없다. 우리 학교에서는 배움의 의미를 실현하기 위해 '교과통합프로젝트' 수업을 구상했다. 즉, 그 학교가 처한 현실과 지역에 알맞게 학생들의 통합적인 사고력을 키우고 지성을 바탕으로 바람직한 민주시민으로 기르는, 교육부가 의도한 교육과정을 우리의 손으로 설계했다.

많은 교사들도 교과통합프로젝트 수업의 필요성을 인식하고, 시도하고 싶어 하지만 학교 안의 많은 현실적인 문제들로 교사들이 포기하게 된다. 또한 프로젝트 수업은 범위가 광범위하고 오랜 시간이 소요되기에 교사 입장에서 선뜻 시작하기가 힘들기도 하다.

교과간 통합프로젝트 수업을 이루려면 교사들은 서로의 수업을 공개하고, 연구회를 하면서 의견을 나누어야 한다. 그렇게 서로에 대한 신뢰를 쌓고 다른 과목 수업을 보면서 교육과정을 알고, 필요한 부분을 서로 통합하고 함께 연구하다 보면 교과교육과정이 조금씩 자기 학교만의 것으로 변한다.

이러한 방식으로 2012년 2월에는 장곡중학교만의 교육과정을 만들었다. 이 교육과정은 앞으로 하루하루 장곡중학교와 가장 잘 맞는 교육과정으로 진화할 것이다.

그러나 혁신학교에서도 백화점식의 '이것도 하고 저것도 하고' 하는 식의 교육과정을 생산하기도 한다. 이런 교육과정은 다양하기는 하나 학생의 성장을 체계적으로 지원하는 성격 면에서는 미약하다.

그러므로 교육과정은 끊임없는 수업 혁신을 통해 그 수업이 뒷받침되어 학생의 성장을 체계적으로 지원될 수 있는 시스템으로 만들어져야 한다. 이런 시스템은 교사들의 공동체 문화가 만들어졌을 때 가능하다.

19

교사에게 찾아온 놀라운 변화들

혁신학교를 시작한 후 해마다 2,000여 명에 육박하는 많은 교사들이 우리 학교를 다녀갔다. 이 방문자들이 한결같이 하는 말이 있다.

"학생들이 참 밝고 명랑하고 편안해 보이네요."

"교사들의 표정이 밝고 여유롭네요."

그리고 수업을 보고 나서도 입을 모아 하는 말이 있다.

"정말로 수업에서 소외되는 학생들이 거의 없네요."

"어떻게 아이들이 전부 수업에 참여할 수가 있죠? 보면서도 믿어지지 않아요."

나도 수업 중 아이들이 수업에 몰입해 푹 빠져 있는 모습을 보면 믿어지지 않을 때가 있다.

그리고 배움의 수준이 자신의 학년을 뛰어넘어, 중학교 최고 학년 수준에서 고등학생의 수준으로 치달을 때 내가 가르치고 있다는 사실, 나의 손으로 이런 배움을 일궈내고 있다는 사실에 스스로 감동받을 때도 있다.

수업이 변하면 학교가, 교사가, 아이들이 변한다. 불가에선 변함이 번뇌의 근원이라 하지만 우리에게 변화는 행복과 즐거움이다.

수업을 하는 교실마다 긴장하게 만들어 아이들과 갈등을 벌이기도 했던 동료 교사가 언제부터인가 '아이들을 있는 그대로 보자' 하고 스스로에게 주문을 외운다. 실제로 어느 날부터인가 그 동료 교사의 손에서 매가 사라졌다. 그러자 아이들이 웃으면서 그의 곁으로 찾아왔다. 머리를 맞대고 서로 이야기하고 웃으면서 헤어진다.

이런 교사들이 있는 교무실의 분위기도 부드럽고 따스하다. 그래서 교무실이 가장 마음 편한 곳이 되었다. 아이들도 교무실을 편하게 드나든다.

이것이 바로 혁신학교의 힘이라고 생각한다. 그 어떤 정책도, 어떤 슬로건도 교사를 움직이지 못했는데, 심지어 몇십 년 넘게 지속되는 교육 운동마저도 어느 시점부터 교사들을 움직이지 못하는데 혁신학교는 아주 평범한 교사들을 움직이고 있다. 우리나라에도 교육 희망이 보이는 것 같았다.

이런 현상들은 경기도에만 국한된 것이 아니다. 이제 혁신학교는 강원도와 서울, 광주, 전라남·북도의 학교들도 정책적인 지원을 받으며 빠르게 확산되고 있다.

진보 교육감이 없는 지역인 부산과 경남, 인천, 제주도에서도 교사들이 수업을 바꾸고, 공개하면서 학교를 바꾸려고 노력하고 있다. 거대한 교육 개혁의 흐름이 교사들에게서 나와 수업 혁신의 노력으로 온 나라에 퍼지고 있는 것을 본다.

다만, 혁신학교라는 타이틀을 달았다고 해서 학교가 마술처럼 바뀌지는 않는다는 점을 명심해야 한다. 아무리 좋은 혁신학교도 준비되지 않으면 골칫거리로 전락할 수 있다. 그것은 전국의 모든 혁신학교가 성공하고 있지는 않다는 것만 보아도 알 수 있다. 심지어 어떤 혁신학교는 근무하는 교사들 중에 반 이상이 '내년에는 이 학교를 꼭 떠나야지' 하고 생각하기도 한다. 충분한 준비 속에서 혁신학교가 되었을 때 구성원이 행복한 혁신학교가 만들어진다.

관리자의 역할도 중요하다

충분한 준비, 이것이 바로 혁신학교를 성공으로 만드는 중요한 요소이다. 그런데 일반 교사의 시각만으로는 부족하다. 교장의 시각으로 바라볼 때 학교라는 큰 단위가 보인다.

교장이 가진 시각은 일반 교사가 가진 시각과 다르다. 학교 건물부터 교사 및 학교 교직원 전체에 대한 업무 파악, 효율적이고도 인간적인 인력관리, 교육과정에 대한 이해, 수업을 정착시키기 위한 학교 시스템, 학교 행정 업무, 지역 사회와의 연계 등…… 교장의 시각에서 학교는 인력과 비용, 공간뿐 아니라 지역 사회의 문화, 이웃 학교 등의 관계 속에서 교육을 수행하는 곳이다.

교무 행정은 어떻게 해야 교사들을 행정업무에서 해방시킬 것인가? 업무 분장은 어떻게 해야 수업 중심으로 학교 체계가 잡힐 것인가? 학교 공간은 어떻게 재조직해야 학생들에게 편안한 장소로 탈바꿈할 것인가? 교사들이 수업에 집중하기 위해 어떤 지원이 따라야 할 것인가? 바뀐 수업을 담을 교육과정은 어떻게 준비해야 하며, 교사들을 어떻게 움직이게 할 것인가? 새롭게 충원되어야 할 인력은 어느 부분이며, 어떤 비전을 제시해야 그들을 능동적으로 움직이게 할 것인가? 교사들의 역량을 어떻게 키울 것인가? 학부모를 어떻게 교육하여 동반자로 만들수 있을 것인가? 지역 사회 단체들과 어떻게 연대할 것인가? 같은 지역에 있는 학교와는 어떻게 소통하고 연대하여 지역의 교육을 책임질 것인가?

교장은 이처럼 큰 안목으로 학교의 모든 것을 준비해야 한다. 그래서 혁신학교의 교장은 모든 것을 꿰뚫어보되 독단적으로 사안을 결정하고 혼자 앞에 서서 모두를 이끌어 가는 사람이어선 안 된다. 구성원들의 자발성을 이끌어낼 수 있는 바탕을 가진 사람이어야 한다.

20

아이들은 교문에서부터 사랑을 느껴야한다

학교 교문은 상징적인 장소라고 생각한다. 그런데 교사들에게 교문 앞에 서 있는 행위를 어떻게 표현하는지 물어보면 대부분의 교사가 이렇게 대답을 한다.

"교문을 지킨다."

그런데 교문이 정말 지켜야 할 장소인가? 학교의 교문은 학생들이 학교에 오면서 가장 먼저 통과하는 장소이다. 그런데 학생들은 어떤 생각과 느낌을 안고 교문을 들어설까? 학생부장 또는 학생부 교사가 인상을 쓰고 교문 앞을 '지키고' 서서, 머리끝에서 발끝까지 자신을 지켜보며 교칙에 어긋난 것이 있나 없나를 살펴본다면?

그런 선생님들이 지키는 곳을 통과하는 학생들은 이름표가 있나 없나, 교복을 줄인 것이 들키지는 않을까, 머리 길이는 괜찮을까 가슴을 졸이면서 지나갈 것이다. 평범한 학생들도 학생부 교사가 지키는 교문을 지날 때면 누구나 가슴이 두근거리고 긴장한다.

만약 교칙에 어긋나는 용모를 한 학생이 있다면 절대로 교문을 그대로 지나갈 수 없다. 그래서 그런 학생들은 교문을 지키는 교사를 피해 개구멍을 통과하거나 담벼락을 뛰어넘어 학교로 온다.

학교를 오다가 교문을 지키는 선생님을 보면 다시 돌아가서 들어갈까 말까를 놓고 주춤거리다 실제로 돌아가는 학생들도 있다. 이런 일들이 매일 아침 반복되는 학교가 즐거운 곳일 수는 없을 것이다. 교사가 교문을 지키면서 학생들을 들어오지 못하게 하는 학교, 이것이 진정한 학교의 모습은 아닐 것이다.

'등굣길 안아주기'와 '하이파이브'

혁신학교를 시작할 초기에, 교사들은 정체성과 자긍심을 되찾고 교사로서의 행복도 찾고 싶었다. 그러면서 학생들도 행복해지기를 바랐고 그 바람을 이루기 위해 노력했다.

교사들의 이런 생각은 먼저 학교를 부정적으로 바라보는 학생들의 시각을 바꿀 필요가 있다는 데로 모아졌다. 그래서 학생들이 등교만이라도 즐겁게 할 수 있도록 교사들이 일부러 행사를 만들었다.

먼저 학생자치부의 교사들과 학교복지사는 '등굣길 안아주기'와 '하이파이브' 행사를 기획했다. 이 행사를 위해 미리 교사들에게 행사의 취지와 내용을 알리고 참여하고 싶어 하는 사람들의 신청을 받았다. 처음에는 교사들의 참여가 많지 않았지만, 회가 거듭되면서 점점 더 많은 교사들도 함께하게 되었다.

'등굣길 안아주기' 행사가 처음 시작되었을 때, 교문에 들어오던 학생들이 쭈뼛거리면서 안기기를 거부하고 도망치기도 했는데 이제는 오히려 인형탈을 쓴 복지 천사들과 교사들에게 먼저 다가와 폭 안긴다.

이러한 행사들은 처음 예상과 크게 다르지 않게, 학생들이 학교를 바라보는 부정적인 시선을 씻어내는 데에 큰 역할을 했다. 또한 교사들도 학생과 함께 몸을 부딪치고 안아보기도 하면서 서로를 이해하고 좋아하게 되었다.

이런 효과들이 수업 속에서 서로의 상황을 이해하고 협력하는 계기를 만들고, 부드러운 분위기 속에서 학생들은 편안한 마음으로 배우게 되었다.

물론 처음에 이 행사를 반기는 사람은 많지 않았다. 학생들을 질서 정연하고 엄격하게 지도해야 혁신의 효과가 더욱 크다는 의견과 무엇보다 학생들이 즐겁다고 생각하는 학교여야 한다는 의견이 팽팽하게 맞섰다.

지금도 여전히 교사들 사이에 의견이 부딪혔다가 다시 정리가 되는 과정이 되풀이된다. 그러나 이제 우리 학교 교사들은, 적어도 혁신학교라면 과거처럼 학생 생활 지도를 획일적으로 통제하면 안 된다는 쪽에 뜻을 모은다. 학생들이 자율적으로 결정하게 하고 자신이 내린 결정을 꾸준히 지킬 수 있도록 교사들이 지원하는 방향을 지향한다. 그래야 학생들은 타율과 복종을 버리고 자율과 자치를 제대로 배울 수 있다.

얼마 전 학부모들이 하는 이야기를 들었다. 다른 중학교 학생들은 학교나 교사에 대한 불만을 많이 표현하는데, 장곡중학교 학생들은 그 말에 동조하지도 않고 학교나 교사에 대해 불만을 말하지도 않는다고 하였다. 이런 점을 보면서 학부모도 학교와 교사가 학생들과 소통을 잘하고 있음을 알고 신뢰한다.

2011년, 이웃 학교에서 전근 온 교사가 한 말이 있다.

"저는 전 학교에 있을 땐 빛나는 교사였어요. 그런데 장곡중학교에 와 보니 평범한 교사 중의 한 사람인 거예요. 얼마나 놀랍고 슬펐던지."

장곡중학교에 오기 전까지 자신이 학교에서 아이들을 가장 잘 이해하고 소통하는 교사였고, 수업 측면에서도 아이들에게 인정받는 교사였다는 것이다. 그런데 장곡중학교에 와보니 이미 대부분의 교사가 아이들에게 신뢰를 받고 있어서 놀라웠다는 의미였다.

지금은 모두 함께 빛나는 교사로 구성원 모두가 행복한 학교에 다닌다는 사실에 또다른 행복을 느낀다고 했다.

21

학교 폭력이
사라졌다

중학교 1학년 남학생들은 정말 동물적이다. 닭이 순위를 정하듯 초등학교에서 갓 올라온 학생들이 그룹 안에서 반드시 서열을 정한다. 한바탕 차례차례로 싸운 후 서열이 정해지면 그때부터 서열은 학년이 바뀌기 전까지, 더 힘이 센 녀석과 친한 친구가 되기 전까지, 혹은 힘 있는 선배와 새로운 교류가 만들어지기 전까지는 변하지 않는다.

그 서열 안에서 힘 있는 녀석은 없는 녀석에게 슬쩍 슬쩍 힘을 과시하고 힘 없는 녀석은 다시 그 아래로, 다시 그 아래로…… 이렇게 힘에 의한 위계가 정해진다.

20년차 교사의 경험상 이 위계가 정리되는 시기가 5월이다. 그래서 5월 이전엔 하루도 싸움이 없는 날이 없다. 지나가다 어깨를 툭 치는

데 사과를 하지 않아서 싸움이 일어나기도 하고, 기분 나쁜 말을 했다고 벼르다가 싸우기도 한다. 서열 정하기 싸움이기에 학생들은 그 싸움을 담임교사에게 이르지 않는다. 자기들끼리 싸우고, 자기들끼리 수습한다. 그 와중에 다리가, 이가, 팔이 부러지기도 한다.

장곡중학교가 혁신학교가 되면서 일어난 놀라운 변화는 학생들끼리의 싸움이 거의 일어나지 않는다는 것이다. 2009년도만 해도 하루에 몇 건씩 싸움이 일어났다. 집단 따돌림은 물론, 집단 폭력도 수시로 일어났다. 그래서 담임교사들은 그 싸움을 해결하려고 중재하기도 하고, 서로 야단도 치고, 교무실에 꿇어앉아 반성문도 쓰게 했다.

그랬던 학교가 2010년 혁신학교가 되고부터 학생들의 싸움이 현저하게 줄어들기 시작했다. 교무실에 들어와 누가 때렸다며 엉엉 우는 아이, 누가 놀렸다며 씩씩대는 아이, 누구누구가 싸운다고 이르는 아이가 사라지기 시작했다.

교사에게 대책 없이 대들던 학생들도 많이 줄어들었다. 수업 시간에 잠자던 학생을 깨우던 교사가 학생에게 욕을 듣고 실랑이를 벌이는 일도 잦아들었다. 학교를 안 다니겠다면서 가방 메는 학생의 팔을 교사가 붙잡은 것을 뿌리친 학생의 태도를 두고 교사 폭행이라고 볼 것인지 하는 논란도 없어졌다.

욕설로 가득 찼던 교실에서 욕설이 조금씩 줄어들었다. 가출 소년·소녀도 슬그머니 자취를 감췄다.

관계를 회복시키는 혁신학교의 힘

이런 변화의 원인을 우리는 혁신학교에서 찾는다. 수업이 변했다고 학생들이 갑자기 변할 수는 없다. 그리고 한 학교의 모든 교사가 수업을 다 바꿀 수도 없다. 어느 교실에서는 교사 중심의 수업으로 진행할 수도, 학생을 권위로 내리누르는 모습을 보일 수도 있다.

그러나 그러면서도 머릿속으로는 '혁신학교 교사가 이러면 안 되는데……'라거나 '오늘은 어쩔 수 없었어. 그렇지만 내일은 안 그럴 거야. 혁신학교에 맞게 해야지' 하는 반성과 다짐을 한다. 이런 보이지 않는 생각의 흐름이 학생들의 변화를 가져온다. 그렇기 때문에 혁신학교 정책이 학교를 바꾸고 있다는 생각이 든다.

이런 것이 정신적인 측면이라면 물질적인 측면, 제도적인 측면도 학교를 바꾸게 만드는 원인이 된다. 학급당 40명을 가르치고 보살피던 교사들이 혁신학교가 되면서 30명을 가르치고 보살피게 되었다. 10명을 더 돌봐야 한다는 것은 학생 한 명에 대한 관심과 보살핌이 그만큼 줄어든다는 의미이다.

예를 들어, 반의 인원이 30명일 때 성적표의 가정통신란을 쓰더라도 40명의 것을 쓸 때보다는 정성이 들어간다. 숫자가 줄면서 눈 밖에 있는 학생들도 한눈에 들어오기 시작한다. 떠들고 산만한 학생들이 무리를 이루면 그 세력이 거대해지는데 일단 30명이면 무리를 이룰 가능성이 한층 낮아지며, 개개인의 학생들에게 교사가 대응을 하는 것이 훨씬 쉬워진다. 학생 수가 교육의 질을 좌우하는 큰 요인인 것은 분명하다.

　그렇다면 농촌 지역에는 학생 수가 20명 이하인 곳이 많은데 그 학생들이 수업 속에서 제대로 배우지 못하고 학교에 만족하지 못한다면 그 이유는 무엇일지 반문도 나올 수 있다. 이때, 내 대답은 혁신학교가 해답일 수 있다는 것이다.

　교사들이 혁신학교의 철학을 공유하고 함께 학교를 바꿀 목표를 갖기만 하면 너도나도 움직이기 시작한다. 수업도 바꿔보려고 하고 학생들에 대한 인식과 대하는 태도도 바꿔보려고 노력한다. 생각이 바뀌면 행동이 바뀐다.

　학생에 대한 배려와 존중을 바탕으로 변화의 분위기를 적극적으로 이끌어내려고 한다. 그러면 학생 자치와 학생 복지도 고민하게 된다. 이런 노력들을 학생들이 보고 느끼면서 학교와 교사를 이해하기 시작한다. 그렇기에 학생들이 쓸데없이 교사에게 반항하려고 하지 않는다.

　학생 지도에 뺏기던 교사들의 에너지가 수업에 집중된다. 사건 사고가 줄어드니 당연히 교사를 무시하거나 함부로 대하는 학생들이 거의 없어졌고, 학생과 교사들의 갈등도 줄어들었다. 이것은 학생들에게도 학교에서 받는 스트레스가 줄어들었다는 말이 될 것이다. 그래서인지 2009년 쉬는 시간이면 남, 여학생을 불문하고 담배 연기로 넘쳐나던 화장실이 이제는 깨끗해졌다.

변화하는 수업이
건강한 학급공동체를 만든다

학생들의 관계도 폭력적이고 억압적인 관계에서 이해하고 대화하는 관계로 변했다. 이 역시 수업의 변화가 가져온 것이라 말할 수 있다.

10분 동안의 쉬는 시간과 점심 시간만으로는 학생들과 긍정적인 관계를 만들기엔 턱없이 부족하다. 특히 7차 교육과정이 시행되면서부터 서로의 관계를 이어주는 시간들이 더 없어져버렸다. 한 공간에서 생활하지만 학생들은 공동체라는 생각을 가질 수가 없었다. 왜냐하면 공동체는 항상 교류하면서 서로에 대해 깊이 이해했을 때 정서적으로 만들어지는 측면이 강하기 때문이다.

그런데 수업이 바뀌면서 학생들은 매일, 매수업 시간마다 친구들과 생각을 나누면서 과제를 해결한다. 이 속에서 친구의 생각을 알게 되고, 어떤 가치관으로 세상을 보는지를 듣게 된다. 이런 과정을 거쳐가며 서로에 대한 이해가 쌓이고 학급의 결속력이 단단해진다. 학급 공동체가 만들어지는 것이다.

우리 학생들은 이제 갈등이 생겼을 때 폭력보다는 말로 해결한다. 그리고 다른 사람이 사용하는 부당한 폭력도 받아들이지 않는다. 심지어 그 대상이 교사일지라도.

그 사실을 잘 보여주는 사례가 있다. 1학년에서 왕따 사건이 있었다. 어느 남학생이 학급에서 따돌림을 당했는데 교사들이 이것을 해결하려고 무진 애를 썼던 적이 있었다. 그때 교사들은 그 남학생이 따돌림

친구 사랑의 날 행사 욕설로 가득했던 교실에서 이제 욕하는 아이는 자취를 감추었을 정도로 학생들간의 결속력이 단단해졌다.

당하는 원인을 그 반 아이들에게 듣고는 난감했다.

그 남학생이 자신의 기분에 따라 감정을 통제하지 못하고 여학생들을 때린다는 것이 이유였다. 그 반 학생들이 다같이 흥분해서 "어떻게 사람을 때릴 수가 있죠? 그것도 자기보다 힘 없는 여학생들을요? 자기보다 힘 센 아이를 때렸으면 우리가 이러지 않아요. 그런데 힘 없는 아이들을 때리잖아요. 그건 그대로 두면 안 돼요. 어떻게 학생이 같은 반 친구를 때려요?" 하고 입을 모아 대답했다.

나중에 그 남학생이 폭력적인 아버지와 함께 살면서 어머니가 아버지에게 맞는 모습을 보고 자랐기 때문에 그런 행동을 한다는 사실을 알게 되었다.

구분	학교폭력대책자치위원회			학생선도위원회	
	개최횟수	피해학생	가해학생	개최횟수	관련학생
2009년	14	17	44	12	97
2010년	8	9	9	4	6
2011년	1	0	13	3	4

〈혁신학교 전후의 학생 사안 발생에 대한 비교〉

이런 사정을 알게 된 교사들은 반 학생들에게 그 남학생이 행동을 고칠 수 있도록 도와줄 것을 부탁했고 그 남학생이 지속적으로 상담을 받을 수 있게 도와주었다.

학생들의 이런 긍정적인 변화는 수치로도 증명할 수 있다. 2009년에는 1~2주에 한 번씩 열리던 학생징계위원회가 2010년에는 한 학기에 겨우 두 번만 열렸다. 학교폭력방지법 개정으로 아주 조그만 사안도 모두 징계위원회나 학교폭력대책위원회를 열어야 할 정도로 상황이 변한 2012년에도 학생 사안이 2009년처럼 많이 발생하지 않았다.

22

자치력 키우기, 학급 대의원제

장곡중학교에는 반장과 부반장이 없다. 그 대신에 학급 대의원이 있다. 반장과 부반장이 학생들의 의견을 대변해서 학급의 자치력을 만들기보다 주로 교사들의 심부름을 하거나 담임교사의 보조 역할을 하는 데 그치는 것을 고민하다가 없애기로 한 것이다. 대신 학급의 의견을 대표하는 대의원을 뽑고 활동하게 했다.

대의원은 기존의 학급 운영의 보조적인 역할을 하지 않는다. 그들의 주된 역할은 학급자치회의를 열고 학생자치회의에 참석하여 의결된 안건에 대해 학급 대표로서 의견을 적극적으로 개진하는 것이다.

그래서 학급자치회의의 주제도 학생자치회의에서 대의원들이 정한다. 학생자치회의에서 정해진 주제에 대해 다시 개별 학급에서 회의하고 그 결과를 가지고 대의원은 학생자치회의에 참석하여 의견을 나눈다. 그리고 이 회의는 생방송으로 전 학급에 중계된다. 학급 학생들은 이 방송을 지켜보면서 대의원이 자신들이 의결한 내용을 어떻게 펼치고 어떻게 결론 맺는지를 알게 된다.

그래서 대의원의 역할이 중요함을 알고 이런 과정을 통해 학생들은 대의 정치를 직접 경험한다. 이런 과정을 거치면서 학생들은 자치가 어떤 것인지, 자신들이 어떤 행사를 기획할 수 있는지, 행사 진행은 어떻게 하는지, 학교 예산은 어떻게 쓸 수 있는지도 알았다. 그러면서 스스로 행사도 기획하고 진행, 평가할 수 있게 되었다.

실제 이런 학생자치회의를 거쳐 여러 가지 규정을 개정하기도 했다. 경기도의 학생인권조례가 제정되고 학교마다 학교 교칙을 학생인권조례에 맞게 개정할 때, 학생들은 학급자치회의를 통해 자신들의 의견을 대의원에게 대표하도록 하였다. 대의원들은 학급 의견을 모아 학생자치회의에 참석하여 방송으로 학급 학생들이 지켜보는 가운데 학생 규칙을 개정하였다.

처음부터 되는 것은 아무것도 없다. 특히 학생자치와 관련된 부분은 정말 더디게 변화한다.

이미 많은 교사들이 알고 있다. 간담회 한 번 했다고, 리더십 연수 한 번 갔다 왔다고 해서 학생들의 자치력이 키워지지는 않는다는 사실을. 그래서 장곡중학교 학생자치부 교사들은 학생들이 그들 스스로 자치력을 키울 수 있을 때까지 기다리며 지켜보았다. 그리고 학생들과 늘 함께하면서 지원을 아끼지 않았다.

학교의 교칙 개정, 새로운 교복 선정, 학생의 날 행사 등 어느 것 하나 학생자치부 교사들의 정성과 기다림이 담기지 않은 것이 없다. 교사가 주도해 지시하고 가르치지 않고 학생들 스스로 하는 진정한 학생자치를 깨우치게 하려고 끊임없이 기다리고 인내하였다.

쉽고 눈에 바로 보이는 결과가 아니라 느리고, 촌스럽고, 비록 그럴듯하지 않은 결과처럼 보일지라도 학생들이 스스로 해보도록 만들었다. 이런 마음속에는 학생을 학교의 구성원으로 평등하게 바라보는 시선, 그리고 평등 속에서 함께 끌고 가려는 마음, 구성원이 스스로의 존재 가치를 깨닫고 자발적으로 일어서게 하는 공동체의 힘이 담겨 있다.

23

특별한
스승의 날

2011년이 되면서 학생자치회는 각종 교내 행사를 스스로 기획하고 진행하기 시작했다. 2011년 스승의 날 행사도 학생들이 자신의 힘으로 만들어냈다.

스승의 날이 되기 전 소문으로는 학생들이 스스로 기획하고 진행하는 행사가 있을 거라고 했다. 하지만 시간이 지나도 아무런 움직임도 느낄 수 없었다. 그도 그럴 것이 5월 11일부터 13일까지 수련회와 수학여행이 잡혀 있었고, 14일은 등교하지 않는 토요일, 15일이 일요일이니 어떻게 아이들이 행사를 기획하고 진행할 수 있겠나 하고 생각했다.

그래서 한 언론에서 취재 요청차 혹시 학생회에서 스승의 날 행사를 준비하냐고 물었을 때도 '없다'고 대답했다. 학생회 담당 교사도,

"애들이 준비하는 것 같더니 잠잠하더라고요. 아이들한테 하라고 하기도 쑥스럽고 해서 내버려뒀어요. 수학여행도 있고, 수련회도 있어 아이들이 벅찬 것 같더라고요" 하는 대답을 했기에 당연히 스승의 날 행사가 없는 것으로 알았다.

그런데 스승의 날 깜짝 이벤트가 교문에서 펼쳐졌다. 학생자치회 학생들이 선생님들에게 감동을 주기 위해 아무도 모르게 행사를 기획하고 진행했던 것이다. 그러니 담당 교사마저도 모를 수밖에!

교사들이 아침에 출근하는데, 학생들이 교문 앞에서 손수 만든 종이꽃을 달아주며 맛있게 끓인 차를 선물하고, 가방을 들어서 교무실까지 옮겨주었다. 그리고 1교시가 거의 끝나갈 무렵 갑자기 온 학교에 방송이 나오기 시작했다.

방송의 주인공은 교사가 아니라 학생회장이었다. 학생회장이 교사들에게 쓴 편지를 읽고 학생들이 '스승의 은혜' 노래를 불렀다. 그 순간 교무실에 앉아 있던 교사들이 보였던 흐뭇한 반응이 아직도 생생하다.

"학생회장이구나. 그럼 수업 중에 방송하는 거 용서해야지. 기특한데!"

다음은 그날 학생자치부장이 전 교직원에게 보낸 메시지다.

학생자치회에서 준비한 오늘 아침, '스승의 날' 감사이벤트 어떠셨어요? 아이들의 아름다운 마음에 대해 약간의 설명이 필요할 것 같아 메시지를 보냅니다.

지난 12일, 3학년 대의원 몇 명이 찾아왔습니다. 스승의 날 이벤트를 하고 싶은데 도와달라구요. 그전에 잠시 학생회 차원에서 다같이 논의를 했었는데 진정성이 부족한 것 같아서, 제가 중단시킨 적이 있었습니다. 그래서 올해는 그냥 넘어가나 보다 생각했는데, 아이들은 그동안 계속 어떻게 할 것인가를 궁리했었나 봅니다.

부랴부랴 재료를 구입했습니다. 돈을 좀더 주고 반제품을 사서 만들면 시간도 절약되고 더 예쁘다고 제안했는데, 아이들은 제 손으로 직접 만들어서 드리고 싶다더군요. 그렇게 목요일 저녁 8시 반까지 총 80개의 카네이션을 만들었습니다. 선생님들뿐만 아니라 장곡중에 근무하시는 모든 교직원께 드리고 싶다면서요.

일찍 출근하시는 선생님 때문에 오늘 아침 7시까지 등교한 아이들은 카네이션과 따뜻한 차를 드리기 위해 분주하게 움직였습니다.

이 모든 과정을 지켜보며 아름답고 소중한 아이들의 모습을 그냥 눈에만 담기에는 너무 아까워 저희 학생부 교사들은 곁에서 사진만 찍어주었을 뿐입니다. 혹시라도 학생부 교사들이 주관하고 아이들이 들러리 서는 행사로 생각하실까 봐 노파심에 말씀드립니다.

이 모든 과정을 철저히 비밀에 부치기 위해 학생부 심미애 선생님께도 미리 말하지 않고 진행을 했답니다. (하략)

이렇게 시작된 스승의 날 행사는 2012년부터 '교사 학생 역할 바꾸기 행사'로 진화해서 이제는 서로에 대해 깊이 이해할 수 있는 행사로 자리잡고 있다.

이것은 스승의 날 이전에 교사 역할을 할 학생을 신청받아 부모님에게 가정통신문으로 승인을 구한 후, 학생이 하루 종일 교사의 역할을 하는 행사다. 교사 역할을 하는 학생 대신 교사는 그 학생 역할을 한다. 근무하는 장소도 교실이고, 하루 종일 학생들과 친구처럼 지내고, 교사 역할을 하는 학생은 하루 종일 교무실에서 교사 역할을 수행한다. 학생은 미리 교사와 수업 설계를 해서 활동지도 제작해 둔다.

이런 행사를 통해 교사들은 교실에서 쉬는 시간에 어떤 일이 벌어지는지, 학생들의 관계가 어떤지를 체감하기도 한다. 특히 자신이 수업 시간에 어떤 말투와 어떤 태도로 수업하는지를 수업하는 학생을 통해 알게 된다. 그리고 이 행사를 통해 교사들은 세상에서 가장 두려워해야 할 눈은 매일 자신을 지켜보고 있는 학생들의 눈이라는 사실을 다시 한 번 깨닫게 되었다.

학생들도 역할을 바꿔 수행하면서 교사의 고충을 깨닫고 교사가 학생들에게 얼마나 정성을 다하는지를 알게 되었다.

자신은 화가 나는 상황인데도 그간 교사가 화내지 않고 잘 받아들이면서 수업을 했다는 것을 알고 행사 후 수업에 더욱 잘 참여하는 계기가 되었다.

진정한 변화는 이해와 존중에서 시작된다. 아이들 스스로의 힘으로 자연스럽게 교사를 이해하고 존중할 때, 또 교사 역시 아이들의 입장에서 스스로 되돌아볼 때 서로간의 신뢰가 싹트는 것을 확인할 수 있었다.

24

우리 학교
'포도대장'

　예전에 장곡중학교 학생부장이 '미친 학생부장'으로 언론에 소개된 적이 있었다. 교장 선생님이 인터뷰를 하는 중에 "나는 학생부장이 미친 줄 알았다. 학생부장하면 옛날로 치면 포도대장인데, 어떻게 포도대장이 학생들한테 90도 각도로 인사를 할 수 있냐?"고 했던 말이 인용되어 표제로 사용된 것이었다.

　대부분의 학교에서는 학생자치부장(학생부장) 역할을 옛날 관직으로 '포도대장' 정도에 비유한다. 그런데 장곡중학교의 학생자치부장은 진짜 '포도대장'이다.

　이 학생자치부장이 1학년 아이들과 함께 포도 농사를 짓는 창의적 체험활동을 하면서 '포도대장'이 된 것이다.

1학년이 하는 창의적 체험활동은 농사 체험이다. 이 농사 체험은 2011년부터 동네 주민과 학부모, 농사 활동 동아리인 '꿈아리'와 함께 했다. 2011년 봄부터 1학년 학생들과 담임교사들, 농사 체험 학부모 지원단은 함께 포도를 키우고, 그 이랑에 수세미와 배추도 키우면서 농사의 기쁨과 일하는 보람을 함께 배워왔다.

그해 여름에는 이렇게 함께 가꾸고 수확한 포도를 학교 선생님들에게 팔았다. 송이는 작고 볼품 없었지만 전국에 단 하나밖에 없는 포도였다. 학생들과 교사와 학부모가 농약 한 번 안 치고, 손으로 일일이 잡초를 뽑으면서 키운 가장 의미있는 포도를 생산했다.

다음은 '포도대장'이 전교직원에게 보낸 메시지다.

안녕하세요? 포도밭 사나이입니다.

지난주부터 매일 1학년 아이들이 오후에 포도밭에 다녀오고 있습니다. 아직 포도가 영글지 않아서 모든 학생들이 수확 체험을 할 수 없을까 봐 안타까웠는데 최근에 날이 무척 더워져서 그런지 많은 송이들이 주인을 찾고 있었습니다.

그래서 이번 주 금요일 포도 1차 판매를 하려고 합니다.

시중에 판매되는 포도는 거의 대부분 농약을 여러 번 친 포도입니다. 아무리 저농약, 유기농으로 재배한다고 해도 농약을 안 치면 상품성이 떨어지기 때문에 수익을 목적으로 농사짓는 분들은 반드시 여러 차례 농약 살포를 하게 됩니다.

그런데 저희 포도는 올해 단 한 차례도 농약을 치지 않았고, 10년 넘게 저

농약 포도로 인정받은 나무에서 딴 것이라 시중 어디에서도 찾아 보기 힘든 보약 같은 포도입니다.

겉으로 보기에는 이 포도가 알도 크지 않고 송이도 예쁘지 않습니다. 시중에 판매되는 것과 겉모습만 놓고 보면 비교할 여지도 없지만 오직 자연의 힘과 장곡중 아이들의 힘으로 키운 포도이니 마음 놓고 사 드셔도 될 듯합니다.(하략)

이 메시지를 받은 교사들은 너도나도 앞다투어 포도를 샀고, 포도를 판 수익금은 전액 학교발전기금으로 입금되어 어려운 학생들에게 장학금으로 지급되었다.

포도밭 이랑에 심심풀이로 심었던 수세미는 즙으로 만들어 역시 교사들에게 판매되었고 포도보다 더 큰 수익을 얻어, 이것도 학교발전기금으로 학생들에게 지원하였다.

2012년부터는 그간의 농사 체험으로 얻은 경험을 통해 더욱더 다채로운 작물을 체계적으로 재배하고 있다.

혁신학교가 지속되면서 학교 교육과정은 나날이 진화한다. 2013년에는 시흥시의 지원 아래 연성동사무소 좋은이웃참사랑공동체, 인천도시농업네트워크와 MOU를 체결했고, 전문적 지식과 경험을 가진 단체의 지원을 받아 학교 주변 공터를 장곡중 농장으로 만들었다.

500평 규모의 밭에 학생들은 창의체험 활동으로 상추·쑥갓·고추·가지·토마토·아욱 등을 심고 가꾸며 일의 의미를 느낀다. 더불어 생태가 무엇인지, 우리가 살아가는 마을은 어때야 하는지를 배우고 있다.

그리고 학부모들에게도 농장을 분양하여 가족 농장을 만들었다. 주말이면 장곡중 가족들은 밭을 메고, 상추나 오이를 따서 교장 선생님과 교사들, 학부모, 학생 할 것 없이 삼삼오오 모여 삼겹살을 구워 먹는다. 그속에서 학부모와 교장, 교사는 학교 공동체의 구성원으로 함께 소통하고 협력의 주춧돌을 쌓는다. 함께 더 나은 학교 만들기를 고민하고, 함께 지켜나갈 가치를 찾는 것이다.

교사의 성장과 이런 인식의 전환은 혁신학교 정책이 그 단초를 제공한다고 본다. 문화를 만들어간다는 것은 결국 만든 사람도 그 문화의 수혜자가 되는 것이며 향유자가 되는 것이다.

25

학교는
아낌없이 주는 나무

우리 학교에는 '복지 천사'들이 있다. 혁신학교를 시작하면서 학교 구성원의 복지를 위해 사회복지사를 고용한 적이 있었다. 당시 다른 혁신학교에서는 상담사를 고용하는 경우가 많았다. 그러나 장곡중학교는 상담사도 필요하지만, 복지사가 더 절실하다는 생각에 그렇게 실행했다.

사회복지사들은 학생들의 상담은 기본으로 하면서, 부족한 부분은 사회 기관과 연계하여 더욱 정교하게 보완하기도 하고, 학생들의 복지 부분·교사 부분·학부모 부분까지 1년 사업을 기획하여 사업을 펼쳐 나가고 있다.

이때 그들이 혼자하기 어려운 부분을 함께 돕고 학생들에게도 봉사의 기쁨을 가르쳐주기 위해 학생들을 대상으로 복지 사업 파트너를 모집한 적이 있었다. 이때 선발된 학생이 일명 '복지 천사'다. 이 학생들은 교내에 게시된 포스터를 보고 신청을 했고, 선발된 후 오리엔테이션과 또래상담사 훈련을 받아 활동 자격을 얻었다.

복지 천사들은 즐거운 등굣길 행사에서 캐릭터 인형탈을 쓰고 친구들을 안아주거나 또래 상담을 하기도 한다. 자신이 속한 반에 집단 따돌림이 있을 때에는 따돌림을 당하는 학생 편에 서서 감싸주고 도와주는 역할을 한다.

흔히들 남을 도와주는 학생이라면 자신에게 부족함이 없는 아이를 떠올린다. 그런데 즐거운 등굣길 행사에서 캐릭터 탈을 벗은 복지 천사를 보고 깜짝 놀란 적이 있었다. 복지 천사 중 많은 학생들이 도움이 필요한 아이들이었다. 특히 1학년 2학기에 전학을 온 J는 어떤 이유인지 부모님과 살지 않고 친척집에서 사는 학생이었다. 늘 표정이 어둡고 힘이 없어 많은 교사들이 눈여겨 보았던 아이였다.

그런데 이 J가 캐릭터 탈을 쓴 복지 천사 중 한 명이었다니! 이 학생이 그동안 등교하는 친구들을 안아주며 격려했다고 생각하니 가슴이 뭉클했다.

사람은 자신의 아픔을 다른 사람을 위해 봉사하면서 스스로 치유할 수 있다는 것을 복지 천사들의 모습을 보면서 많은 교사들이 배웠다. J뿐만 아니라, 복지 천사들 중에서는 교실에서 겉도는 것 같은 학생들도 꽤 있었다. 그런데 알고 보니, 그들은 학교에서 친구들을 돌보는 봉사 활동을 통해 복지사와 끈끈한 연대를 맺고 자신을 치유하면서 남도 돌보고 있었다.

그 학생들 중에는 장곡중학교 복지사처럼 자신도 사회복지학과에 진학해 학교 복지사가 되겠다고 하는 학생들도 있었다. 교사들은 학생들이 서로에게 의지하며, 장래의 꿈도 키워가는 것을 볼 때면 늘 가슴이 뜨거워졌다.

지금은 사회복지사 대신 도 교육청에서 발령받은 진로상담사와 상담사가 활동을 하고 있다.

학교는 미래를 제시하는 곳

장곡중학교 교사들은 학교가 어떤 곳이어야 하는지를 생각하고 실천할 일들을 계획한다. 우리는 학교가 단순히 교과 내용을 가르치는 곳이 아니라, 학생이 진로·꿈·인생의 희망을 가질 수 있도록 많은 경험을 제공하는 것이 학교의 역할이라고 생각한다.

그래서 '진로의 날'을 만들어 학부모의 다양한 직업을 활용해서 학생들을 만나게 하였다. 2011년까지는 1학년만 대상으로 학부모를 일일 교사로 초청, 직업인으로서 학생들과 직업에 대한 이야기를 나누도록 했는데, 2012년부터는 규모를 확장하여 전학년에 실시하고 있다.

구체적인 절차는 다음과 같다. 가정으로 가정통신문을 보내 부모님 중 자신의 직업으로 학생들과 만나고 싶은 분들의 신청을 받는다. 신청을 토대로 다양한 직업군의 사람들과 접촉하여 참여를 부탁해 일일 교사로 구성한다. 그리고 학생들에게는 자신이 하고 싶은 직업 2가지를 선택, 진로의 날 5~6교시에 그 직업을 가진 사람들의 강의를 듣게 한다. 강의 후에는 궁금한 점을 묻고 답변을 들으며 앞으로 어떤 직업을 가지고 살 것인지, 자신이 하고 싶은 일을 직업으로 선택하기 위해 어떤 공부를 해야 하는지를 알게 한다.

이런 교육과정을 통해 학생들은 교과서에서 만나지 못하는 많은 일들을 체험할 뿐만 아니라 여러 종류의 직업에 종사하는 부모님들을 만나면서 자신의 미래를 투영해 볼 수 있다.

그리고 특이하게도 장곡중학교에 와서 근무하면서 자신의 진로를 결정한 어른도 있다.

시흥시청과 경기도 교육청이 MOU를 체결해서 시흥시의 23개 학교가 혁신교육지구가 되었다. 시흥시청에서는 23개의 혁신교육지구 학교에 보조 교사를 파견했는데 장곡중학교에도 4명의 수학·영어 교사들이 파견되었다.

그 파견된 분들 중에 학원에서 영어를 가르치던 교사가 있었는데 그 분은 장곡중학교에서 보조 교사로 활동하면서 교육대학원을 다녀야겠다고 진로를 결정하였다. 장곡에서 학생들을 만나면서 교사가 되고 싶다는 마음이 들었고, 이를 위해 교원자격증을 따서 임용고시를 봐야겠다고 결정했다고 한다.

학교는 학생뿐 아니라 그 안의 구성원 모두에게 꿈과 희망과 미래를 제시해 주는 곳이어야 한다는 것을 이러한 일을 통해서도 배우고 있다.

26

"혁신학교가 별 거예요?"

많은 사람들이 이런 말을 한다.

"혁신학교가 별 거예요?"

장곡중학교에 대한 평가는 극과 극으로 나뉜다. 부정적인 평가를 받는 원인 중에는 교사들이 자유분방하고, 관리자와의 관계도 위계질서를 따르기보다 동료 같은 느낌이며, 보는 시각에 따라선 체계가 없는 것처럼 느껴지기 때문일 것이다. 교사들이 매번 "혁신학교잖아요"를 연발하니 그런 말을 들을 수 있다는 생각도 든다.

그런데 정말 혁신학교가 별 것인가? 다른 학교와의 차이는 무엇인가를 생각하면 생각할수록 혁신학교는 '별 거'다. 왜냐하면 새로운 학교 문화를 만들어가는 학교이기 때문이다.

관료적인 지시와 통제가 아닌 구성원의 자발성으로 움직이는 문화, 누구든 학교 안에서 스스로 활동하게 만드는 문화, 수평적 관계 속에서 서로의 능력을 최대한 끌어내는 문화, 형식과 문서에 매인 일처리보다는 합리적인 협의와 토론을 통해 사안을 결정하는 문화.

이런 문화 속에서 교사들은 전문성을 키우고, 학생들은 자치력을 키우며, 관리자는 구성원의 능력을 키우는 학교. 이런 것들이 혁신학교에서는 현실로 펼쳐진다.

그래서 위계질서를 중요시하는 시선으로 보면 질서가 없는 학교로 보일 수 있다. 그런데 왜 관리자의 일관된 지시 속에서 일이 진행되는 질서 있는 학교가 오늘날에는 개혁의 대상으로 지목되고 있을까?

과거의 학교 문화 속에서 현재를 사는 사람들은 행복할 수 없으며, 그런 문화 속에서 현대 사회가 원하는 사람을 키워낼 수도 없다. 기존의 학교에서 현재의 문화와는 너무나 다른 이질감을 느끼기에 이젠 '학교 스스로 문화를 바꿔야 하지 않나?' 하는 시대적 요구를 받고 있다고 생각한다. 이 학교 개혁에 대한 요구의 정책적 표출이 혁신학교인 것이다.

그러므로 혁신학교가 완전히 뿌리내리지 않은 이 시점에서 '혁신학교가 별 거야?'라는 비판은 충분히 나올 수 있다. 그리고 그 비판에 대한 대답도 "혁신학교는 별겁니다"일 수밖에 없다. 언제나 변화의 시작은 '별스런' 사람들에서부터 시작되었고, 그 '별스런' 사람들이 '자연스러운' 사람들이 될 때 완성된다고 생각한다.

학생들의 자치력을 이야기할 때 장곡중학교의 학생부장 이야기를 빼놓을 수가 없다. 지금은 다른 학교의 교육혁신부장으로 초빙된 백원석 교사다. 백 교사는 혁신학교 이전인 2009년부터 2011년까지 학생부장으로 있었다.

그는 혁신학교 이전에도 다른 학교의 학생부장과 다른 면모를 보였다. 교문 지도를 할 때도 등교하는 학생들을 잡아서 두발 검사, 복장 검사를 하지 않았다. 교문에는 서 있되, 등교하는 학생들을 향해 정중하게 인사를 했다.

처음 우리의 눈에 그는 참 별난 교사였다. 누구도 그의 모습을 쉽게 이해하지 못했으나, 2010년 혁신학교로 지정된 후 그는 '자연스러운' 사람이 되었다.

혁신학교가 더 이상 '별난' 학교가 아니라 언제, 어디에서 누가 보든 자연스러운 곳이 되기를 간절히 바란다.

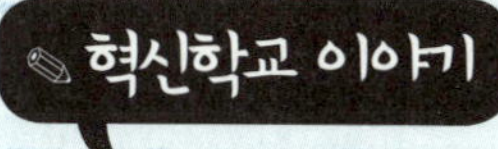

남들과는 다른 시도

장곡중학교 졸업생 박지혜 님

날씨가 쌀쌀해져 두꺼운 외투를 걸쳐야 할 때쯤 연합고사를 봤다. 중학교 1학년 끝 무렵에 연합고사를 보러 학교에서 나가는 선배들의 모습을 보며 나도 언젠가는 연합고사를 봐야겠구나 하는 생각을 한 지가 별로 되지 않은 것 같은데 연합고사일은 훌쩍 다가와서 순식간에 끝나버렸다.

3학년의 끝자락을 간신히 붙잡고 있는 나는 조금 있으면 졸업을 하게 된다. 졸업이 며칠 앞으로 다가온 만큼 그동안의 학교 생활에서 추억하게 되는 것도 많은데, 나는 친구들과의 추억만이 아닌 '학교와의 추억'도 생각하게 된다.

장곡중학교에 들어오고 나서, 언제부터인지 모르게 '혁신학교'라는 소리를 많이 들었다. 혁신학교라는 말을 처음 알게 되었을 때, 처음에는 막연하게 '아, 혁신하는 학교구나'라고 생각했다. 그런데 2학년이 되고 나서 우리 학교가 다른 학교와는 뭔가 다르다고 생각하게 되었다. 1학년에서 2학년으로 넘어가는 시점부터 적극적으로 시행되었으니(과도기라고 할 수도 있겠다) 느끼는 바가 더 많았다.

우선 자리 배치부터가 달랐다. 모둠끼리 앉으면서도 가운데가 비어 있는, 그 가운데서 선생님께서 수업하시는 'ㄷ'자형 배치는 집중력을 높여주었다. 교실을 꽉 채워서 모든 학생들이 앞을 보면 앞에 있는 학생들만 집중하고 뒤에 있는 학생들은 집중도가 떨어질 수밖에 없다. 선생님이 앞에 있기 때문이다.

초등학생일 때에는 각 반 담임선생님들께서 자율적으로 자리를 배치하시는 터라 남녀 둘씩 짝으로 앞을 보고 앉았었는데, 모둠끼리 앉는 반을 부러워했던 기억이 난다.

그런데 중학생이 되고 나서부터 계속 모둠 활동을 해보니, 수업시간에 잘 모르는 내용을 친구들끼리 쉽게 물어볼 수 있어서 좋았다. 성인이 되어서도 20분 정도만 집중할 수 있다던데, 수업시간 45분 내내 집중을 해서 선생님 말씀을 모조리 들을 수 있다면 좋겠지만 못 들었을 때 "선생님, 방금 뭐라고 하셨어요?"라고 자신 있게 물어볼 수 있는 사람은 그리 많지 않다고 생각한다.

그냥 앞을 보고 앉을 때에는 수업 내용을 잘 이해하지 못하더라도 '쉬는 시간에 친구한테 물어봐야지' 했다가 까먹고 물어보지 않거나, 그냥 모르는 채 넘어가는 경우가 많았다. 그런데 모둠끼리 앉아서 활동하고 수업을 듣다 보니, 모르거나 잘 듣지 못하는 내용은 물론이고 친구들의 생각을 들으면서 더 폭넓은 수업을 할 수 있었다.

더불어 친구들과 더 친해질 수 있는 계기도 많았다. 따지고 보면 선생님뿐만이 아니라 나를 비롯한 반 전체가 동시에 수업을 하는 셈이다. 이런 수업이 진정으로 모두가 참여하는 수업이라고 생각한다. 어느 특정한 개인이 아닌 우리들의 학교. 그게 바로 혁신학교가 지향하는 바가 아닌가.

각종 기념일에 많은 행사나 이벤트를 하는 것도 혁신학교의 큰 장점인 것 같다. 난 선생님들께서 교복입은 모습을 중학교 다니면서 처음 보았다. 다 큰 어른들이 교복을 입은 모습은 지금까지도 충격적이다. 이런 걸 문화 쇼크라고 하든가?

친구의 날 행사나 만우절 때 선생님들께서 교복을 입고 우리에게 친절하게 인사를 하고 말 걸어주시는 모습을 보면, 학생들에게 좀더 다가가려고 애써주시는 것 같아 기분이 좋았다. 선생님에 대한 거리감도 사라지고 친근한 수업 분위기가 만들어져 좋았던 기억이 난다.

아침 조회 시간, 친구 사랑의 날에 친구들과 여럿이 손을 잡고 오게 하거나 이구동성 퀴즈를 맞히면 아이스크림을 주는 등 친구와의 관계를 돈독히 할 수 있게 만들어주는 행사도 재미있었다. 한 가지 더, 친구에게 편지를 많이 보내거나 받으면 상품을 주는 사랑의 우체통도 괜찮았다. 이처럼 친구 사이의 거리를 좁히고 원만한 교우관계를 위해 이것저것 기획된 행사들을 보면 혁신학교의 효과를 여기저기서 느끼게 되는 것 같았다.

3학년 때 국사 시간에 배운 내용을 바탕으로 국어 시간에 자신만의 이야기를 만들고 미술 시간에는 그 이야기에 얽힌 토기를 만든 뒤 밖으로 나가서 토기를 묻은 다음, 토기 묻은 장소를 지도로 그렸던 통합교과수업도 기억에 남는다.

환경에 관련된 영화를 본 다음 흙공을 만들어서 장현천에 던지고, 유물이나 유적에 관련된 유적지에 가서 정보를 얻는 등 혁신학교에서 3년 동안 공부하며 느낀 점은, 모든 과목이 연계되어 있다는 점이었다.

도덕 인물 학습에 소개된 인물이 사회나 국사 시간에 다뤄지거나, 수학 시간에 배운 공식이 과학에서도 쓰인다는 사실을 느끼고, 이런 내용을 통합적으로 배울 수 있는 시간이 있었다. 교과서와 시험 위주의 교육에서 벗어나 여러 교과들을 하나로 통합하여 장기적으로 계획한 프로젝트가 학생들의 흥미를 이끌어내고 또 많은 참여를 유도했다는 점에서 이 프로젝트는 성공했다고 생각한다.

우리 학교가 혁신학교로서의 역할을 잘 수행했는지 다른 학교 선생님들께서 다녀가실 때에도 별다른 생각이 없었는데 막상 이렇게 쓰다 보니 우리가 학교에서 받은 혜택이 많다는 것을 새삼 느끼게 된다. 학교에서 학생들을 위해 알게 모르게 많은 노력을 하고 있기에 나를 비롯한 많은 학생들이 장곡중학교 학생으로서 소중한 추억을 안고 졸업할 수 있었으리라 믿는다.

내 동생이 장곡중학교에 입학할 때쯤이면, 더욱 많은 학교들이 혁신학교를 추진하고 있을 것이다. 그리고 많은 학생들이 지금보다 더 나은 혜택을 받으며 학교 생활을 즐겁게 해나갈 것이다. 남들과는 다른 시도를 한 만큼 그 결과도 다르겠지만, 남들과는 달랐기에 더 큰 성과를 얻을 수 있었다고 생각한다.

나는 우리 학교만이 아닌 전국의 모든 학교들이 혁신학교로서 학생들에게 풍부한 경험과 추억을 줄 수 있는, 특별히 어느 학교를 혁신학교라고 부르지 않는, 그런 날이 오기를 바란다.

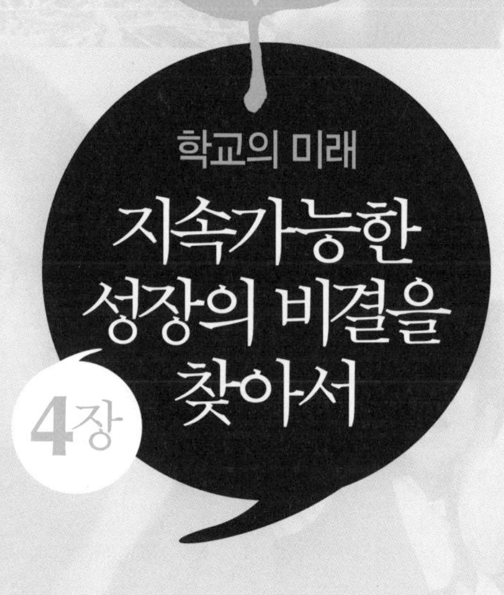

4장
학교의 미래
지속가능한
성장의 비결을
찾아서

27

혁신학교는
계속된다

2011년 9월, 시흥시 혁신지구 점검팀에서 혁신 사업을 점검하러 학교에 왔다. 실제로는 우리 학교의 여러 가지 우수 사례를 수집하고 서류를 받아서 혁신지구 내 다른 학교를 지원하기 위한 목적도 포함되어 있었다. 우리 학교의 수업 혁신 이야기는 이미 전국에 널리 알려졌으며, 우리의 수업 혁신 프로그램을 받아가서 실행하는 학교도 꽤 많다.

그런데 이날 점검팀에서는 우리 학교에 대해 늘 궁금했던 몇 가지가 있었다며 질문을 했다. 장곡중학교는 동아리 활동도 원활하게 이루어지고, 학생 자치 활동 및 학생 복지 활동도 우수한데 어떤 비결이 있기에 그렇게 모든 분야에서 뛰어난 결과를 거둘 수 있는지 이유가 무엇일까 정말 궁금했다고 한다.

다른 학교나 시청을 대상으로 혁신지구에 대한 브리핑을 할 때마다 우리 학교의 동아리 활동과 학생 자치 활동, 창의적 체험활동 사례와 사진 자료를 사용했던 시흥교육지원청 혁신팀에서는, 우리 학교 교사들이 다른 학교와는 다르게 구성돼 있는지 아니면 실력이 출중한 교사가 있어 학교의 모든 사항을 이끌어가는지 과연 무슨 비결이 있는지 늘 궁금해하고 있었던 것이다.

점검팀에게 여러 가지 사업의 진행 내용을 설명하다가 이런 이야기를 했다. 점검팀에서는 결과만 알고 우리가 추진해 온 과정을 모른다는 생각이 들었기 때문이다.

"학생회가 하루아침에 갑자기 잘하는 것이 아닙니다. 2010년 혁신학교로 선정되기 전부터 준비했어요. 그 과정에서 학생 자치도 키워야 한다고 생각했어요. 그래서 1년 동안 가르쳤더니 지금은 저희들 스스로 합니다."

"정말 준비가 필요한 일이지요. 장곡중학교는 1년을 준비했는데, 다른 학교는 갑자기 혁신지구로 지정되어 힘들 것이란 생각도 합니다. 어떻게든 지원을 해서 잘되게 해야지요."

"그렇지요. 우린 예산 배정부터 수업 혁신과 학생자치, 학생 복지 사업에 중점을 두고 배정하고, 나머지를 가지고 다른 사업에 배치했죠.

그리고 학생자치는 교사들도 잘 몰라서 2010년 4월에 이우학교 학생회에 가서 배웠어요. 학생자치회 학생들의 리더십을 키워주고 싶어서 1박 2일 워크숍을 준비했고 그 사이 이우학교에 들러 간담회를 열었어요. 그 학생들에게 우리가 많이 배웠지요. 그 후에 워크숍에서 토론하며 학생자치회의 상을 잡았어요."

"그랬군요. 우리는 그런 생각을 미처 못했어요."

"이젠 우리 학생들이 잘하고 있으니까 오히려 다른 학교 학생회에서 간담회를 요청하면, 우리 학생자치회에서도 많은 이야기를 해줄 수 있을 거예요."

학교를 바꾸는 것은 특정한 프로그램이 아니라 구성원의 자발성이며, 그것을 든든하게 지원해 주는 시스템이란 것을 이날의 대화에서도 확인할 수 있었다.

수업 혁신이 정착되려면

앞서 반복해서 이야기했지만 수업은 하루아침에 정착되는 것도 아니고 정착되었다고 끝이 나는 것도 아니다. 특히 공립학교에서는 해마다 교사의 전출과 유입이 있기 때문에 수업을 유지하기가 더욱 어렵다. 어쩌면 유지하는 일보다 오히려 정착시키는 것이 더 쉬울 수 있다. 오로지 수업 혁신이라는 목표를 향해 전체 교사가 걸어가면 되니까.

그러나 정착된 수업을 유지시키는 것은 밑 빠진 독에 물을 붓는 것 같은 느낌이 든다. 교원의 이동이 전혀 없는 학교는 거의 없으니 많은 교사들이 이에 공감할 것 같다.

특히 경기도의 경우 기간제 교원은 한 학교에서 3분의 1을 차지한다. 이들은 1년 단위로 계약을 하는데, 1년 동안 배움 중심 수업을 익혀도 다음 해에 다른 학교에 계약이 되면 그동안의 노력은 허사가 된다. 그러니 애써 정착시킨 수업이 다음 해에 흔들리는 것은 어찌 보면 당연하다.

기간제 교원의 입장에서도 애써 배움 중심 수업을 익혔는데, 혁신학교가 아닌 다른 학교에 가게 되면 그것들이 소용없게 된다. 혹 배움 중심 수업을 하려고 기간제 교원의 이력을 보고 채용한 학교에 가더라도, 제대로 지원해 주지 않는 시스템 속에서 고통 받는 경우가 많다. 그런 이유로 혁신학교에 근무해도 적극적으로 수업을 받아들이기보다 교사 중심 수업을 계속하는 기간제 교사가 있다.

전입해 온 교사들에게도 수업은 큰 고민거리다. 새로운 학교에 적응하는 것이 얼마나 큰 스트레스인지는 누구나 짐작해 보면 알 수 있다. 이것과 동시에 배움 중심 수업도 익혀야 하니 이중의 부담을 느끼게 된다. 새로운 환경에 적응하는 어려움 위에 늘 하던 수업을 버리고 생소한 수업을 해야 한다는 부담은 혁신학교에 대한 반감을 더욱더 부채질하기도 한다.

새로운 사람들이 혁신학교에 반감을 가지면 기존에 혁신을 반대하던 사람들과 동조가 되어 이러한 분위기의 흐름이 열심히 만들어놓은 혁신학교를 후퇴시키기도 한다.

이런 일들이 일어나는 것을 방지하려면 학교가 가진 체계적인 연수 시스템과 비공식적인 연구회 활동이 동시에 작동되어야 한다.

학교는 새로 온 교사들이 수업에 적응할 수 있도록 전체적으로 연수를 실시하면서 동시에 개인적인 수업 멘토링을 해야 한다. 전체 연수는 학교 실정에 따라 실시하면 되겠지만 장곡중학교의 경우에는 2월 말에 30시간 직무연수를 개설하였다. 직무연수는 학교에 있는 전체 교사와 전입 오는 전체 교사가 함께 연간 교육과정을 짜고 이해하는 것을 주요 내용으로 하였다.

이런 일이 2013년 2월에 시작되었다. 그동안 신규 교사의 유입에 따라 학교 수업이 흔들리고 학교 운영의 철학이 공유되지 않는 데에서 오는 불협화음을 극복하기 위해 여러 가지를 시도하던 끝에, 학년말 방학에 직무연수를 개설하는 것이 해결책으로 결정되었다.

전입 교사들에게 새로운 학교의 연수를 받으라고 하는 것은 사실 무리가 있다. 해당 학교에서도 2월 말일까지는 그 학교에 속한 교사인데 다른 학교에서 연수를 받으러 오라고 하면 불쾌하게 생각하기도 한다. 그런데 직무연수로 개설을 하니 해당 교사나 학교에서도 크게 불쾌해하지 않고, 부르는 학교 입장에서도 미안함이 덜했다.

이렇게 전입 교사와 기존의 교사가 모여 5일 동안 교육과정을 함께 만들고 공유하게 되었다. 이 과정에서 새로운 교사들이 혁신학교를 이해하고, 기존의 교사들과도 친분을 쌓은 상태에서 새학기를 시작하게 되었다. 이렇게 하자 학교가 훨씬 빨리 안정되고, 혁신으로 마음을 모을 수 있었다.

이 이후에 수업공개와 연구회, 학년협의회, 교과협의회를 매달 하면서 수업 혁신이 유지된다. 그렇지만 학교의 수업 수준을 점점 더 높이려면 비공식적인 연구회가 함께 가동되어야 한다.

혁신지구로 지정이 되면서 혁신학교로 이름난 학교들도 무척 힘들어 하고 있다. 그러나 우리는 힘들지 않다. 그 이유는 비공식적인 연구회의 힘이다. 수업 보기 모임, 혁신연구회, 자율 연수와 직무연수 등을 통해 인근 학교와 다른 지역의 교사도 함께 와서 배울 수 있는 기회를 제공하여 자립할 수 있도록 충분히 돕고 있다.

우리는 5년째 독서토론을 진행하고 있다. 한 달에 2번, 책 1권을 선정하여 읽고 함께 이야기를 나눈다. 책은 교육 철학 교사들의 생각, 전문성, 철학적 깊이를 성장하게 하는 책으로 선택한다. 그리고 읽은 후에 함께 의견을 나눈다.

교사의 성장은 결과적으로 수업의 깊이로 나타난다. 교사가 공부하지 않으면 수업도 성장하지 않고, 학교의 발전도 없다는 것이 우리가 독서토론을 통해 깨달은 것이다.

이와 더불어 매월 3번째 주 토요일 오전 10시부터 오후 1시까지는 장곡중 도서실에서 수업 보기 모임도 개최하고 있다. 3년째 지속된 이 모임은 장곡중 교사뿐 아니라 인근의 응곡중학교를 비롯하여 안산과 안양, 멀리서는 양평에서도 온다. 좋은 수업을 동영상으로 본 후 함께 연구를 한다. 이 연구회를 통해 교사들은 수업에 대한 안목을 기르고 수업 비평 방법을 배운다.

이런 과정을 진행하다 보면 이 모든 과정에 참여하는 교사가 있는데, 이런 교사들은 1년이 지나면 수업 컨설턴트로 활동할 수 있는 능력도 만들어진다.

교사 개인에 대한 지원도 학교 시스템으로 정착이 되었다. 전입 온 교사의 경우, 수석교사가 그의 수업을 보고 컨설팅을 한다. 그리고 기존 교사의 같은 교과 수업을 함께 보고 연구회도 한다. 수석교사는 전입 교사가 배움 중심 수업을 할 때까지 활동지 제작은 물론 수업을 세세하게 보고 컨설팅하는 지원을 아끼지 않는다.

또한 학교 전체 수업의 질 관리를 위해 수석교사가 한 달에 2번 정도 전체 교실을 참관하고, 학년협의회를 통해 컨설팅을 한다. 이때 수업에 잘 참여하지 못하는 학생들이 발견되면 학생 상담과 더불어 학부모 상담을 한다.

이것은 각 학년의 학습참가지원 연수 시스템과 맞물려 있으며, 이를 통해서도 진전이 보이지 않는 경우 교감, 교장 선생님과 학부모, 학생의 면담이 있다.

장곡중의 이런 시스템은 학생들에게는 '우리 학교는 수업에 참여하지 않으면 절대 안 된다'는 인식을 심어준다.

그래서 전입생들이 매우 당황스러워 하기도 한다. 본인이 멍하게 있는 것을 교사가 바로 알아차리고 와서 돌보아주기 때문이다. 일반 학교에서는 전혀 배우지 않는 학생들이 있어도 교사들이 모르고 지나치는데 이 학교는 그렇지 않다는 것과 자신을 제외한 모든 학생들이 몰입해서 책을 읽고 있다는 사실을 깨닫는 순간, 전입생들이 큰 충격을 받는 것을 여러 번 보았다.

수업의 혁신을 정착·유지시키는 학내 시스템이 그만큼 중요하다. 그 시스템이 제대로 돌아갈 때 학생도 교사도 배움이라는 교육의 본질에서 소외되지 않을 수 있다.

28

희망 교육을 향한
통 큰 변화,
혁신교육지구

경기도에는 경기도 교육청과 지자체(시청)가 MOU를 체결하여 지정된 혁신교육지구가 6개 있다. 바로 안양과 시흥, 광명, 구리, 오산, 의정부이다. 이는 2011년에 시작된 사업인데, 혁신교육지구를 도 교육청에서 지정할 당시 '경기도교육청이 생긴 이래 이렇게 많은 지자체에서 교육청을 방문한 적이 없었다'는 말이 들릴 정도로 뜨거운 관심을 받은 사업이다.

실제로도 경기도의 25개 교육지원청 중 16개의 교육지원청에서 사업지원서를 제출할 정도로 지역의 관심이 집중되었다.

이런 열기는 우리 지역에 혁신학교가 없다면 혁신교육지구로라도 지정받아서 학교를 혁신하겠다는 열정이 우러난 것이라고 생각한다.

이들 지구에서는 지구에 소속된 학교를 혁신하기 위해 지자체와 지역 교육청, 도 교육청이 협력하여 학교혁신사업을 벌인다. 시흥시에서는 23개의 학교가 혁신교육지구로 지정을 받아 학교혁신사업이 펼쳐지고 있다.

혁신교육지구 안의 학교에는 행정 코디네이터, 상담사, 독서지도사, 수업보조교사가 지원된다. 특히 행정 코디네이터는 교사들이 하고 있는 행정 업무를 도맡아 하는 사람들로, 교사들이 수업에 집중하고 학생들을 더욱 가까이 돌볼 수 있는 환경을 만든다. 또한 교사의 역량을 키우기 위해 수업 컨설팅 및 교사 연수를 지원한다.

또한 학교별 특색사업과 체험학습, 초등 계절학기 사업이 진행될 수 있도록 각종 사업비가 지원된다. 이런 사업을 통해 시흥혁신교육지구 내의 학교들은 각 학교마다 특색있고 창의적인 교육과정을 만들어 진행한다.

학생생활과 자치 활동, 학생들의 동아리 활동과 방과후 교육활동까지, 학교에서 평소에 하고 싶어도 경제적인 이유 때문에 할 수 없었던 많은 사업들이 혁신교육지구 사업비로 진행되고 있다.

물론 초기에는 시행착오도 있었다. 사업 초기에는 혁신교육지구에 대한 이해가 부족해서 지원금을 방과후 교육활동 지원에만 사용한다거나, 창의적인 교육활동에 사용해야 할 지원금을 체험학습 나가는 버스 대여료와 입장료로 사용하면서 예산을 낭비하기도 하였다.

그러나 교육지원청의 지속적인 연수와 홍보를 통해 지금은 혁신교육지구의 학교들은 실질적으로 학교를 바꾸고 있다.

초등학교는 계절학기 사업을 통해 여름에 학생들이 오카리나를 배워 연주하기도 하고, 수영을 배워 바닷가에서 가족들에게 수영 실력을 뽐내기도 한다.

그리고 수업 컨설팅을 통해 혁신교육지구 내 학교들이 교사 중심의 수업에서 벗어나 배움 중심의 수업으로 전환하고 있다. 혁신학교와 더불어 혁신교육지구는 학교 하나의 변화가 아닌 지구 내 학교 전체의 변화를 통해 한 지역의 교육을 혁신하는 보다 통 큰 혁신이라고 할 수 있다.

29

학부모와 함께 만드는 혁신학교

많은 교사들이 나에게 하는 질문 중에는 묘하게 반복되는 문항이 있다.

"교육청의 지원이 끝난 후에도 혁신학교가 계속될 것이라고 생각합니까?" "함께 혁신을 이끌었던 학교 선생님들이 다 빠져나가도 학교가 계속 지금처럼 유지될까요?" "혁신학교가 지속적으로 성공하기 위한 방안을 가지고 있습니까?"

이런 질문을 받을 때마다 중압감과 책임감을 느낀다. 그렇지만 모든 문제에는 해답이 있다고 생각하고 답을 찾으려고 노력하고 있다.

이때 내가 할 수 있는 가장 간단한 답은, 전국의 모든 교사가 학교를 바꾸겠다는 마음을 먹고 자신의 수업에 최선의 노력을 담아서 수업을 바꾸면 모든 학교는 변할 수밖에 없다는 것이다. 이것이 지속가능한, 가장 확실한 방안이다. 혁신학교에 희망을 갖는 이유도 장기적으로 그렇게 될 것이라는 데 있다.

그러나 장기적으로 가는 과정에서 4년 동안 이루어놓은 장곡중학교의 혁신을 혁신학교 지정이 끝난 다음에도 지속하려면 어떻게 해야 하는가에 대한 대답은 지금쯤 가지고 있어야 한다고 생각한다.

이 부분에 대한 해답을 교사와 더불어 지역 사회와 학부모가 가지고 있다. 이때 교사와 지역 사회의 역할이 명확하게 구분된다.

교사는 학교를 바꿀 수는 있지만 지켜낼 수는 없다. 특히 관리자가 생각이 다른 사람으로 바뀐다거나, 4년에 한 번씩 다른 학교로 발령이 나는 공립학교의 교사라면 더 그렇다. 이런 이유 때문에 지역 사회가 바뀐 학교를 지켜야 한다.

지역 사회에 이름난 명문 학교가 하나 있다고 가정해 보자. 학교는 지역 사회를 살리는 역할을 하게 된다. 명문학교에 들어오기 위해 다른 지역에서 이사를 오기도 하고, 좋은 학교를 다니기 위해 다른 지역으로 나가던 사람들이 지역 사회에 정착한다. 이것은 지역의 경제를 발전시키며, 지역 주민의 삶을 윤택하게 하고 질 높은 삶을 영위하게 한다.

이것은 혁신학교인 보평초등학교나 조현초등학교, 남한산초등학교, 구름산초등학교 등에서 먼저 경험한 일이다. 그리고 언론에도 혁신학교 주변의 집값이 오르고 있다고 보도된 바 있다.

그렇다면 지역의 주민은 누구인가? 바로 학부모들이다. 학부모가 학교의 시스템을 잘 알고 있어야 학교를 지킬 수 있으며, 이를 알기 위해

학부모 연수 시간 교사와 학생뿐만 아니라 학부모들까지 '교육의 3주체'가 힘을 모았던 지난 4년 간의 시간들이 장곡중학교의 혁신을 지속적으로 뒷받침할 수 있는 힘이 되었다.

서는 학교의 교육 활동에 학부모 참여를 확대하여야 한다.

흔히 교육의 3주체라 하면 '학생·교사·학부모'라고 하지만 실제 학교 현장에 학부모는 설 자리가 없다. 설령 있다 하더라도 물질적인 지원과 학교를 위한 봉사 활동 정도의 역할만 할 뿐이다. 그 때문에 학부모들은 어떤 일에도 적극적으로 나설 수 없게 되고, 교사들과 좋은 관계도 만들 수 없다. 이런 상황은 학부모를 주눅 들게 만들어 학교는 아주 불편한 장소가 된다.

교육이란 지역과 학교가 학생을 키워내는 일이다. 수업을 바꾸고, 학교를 바꾸고, 교육 철학을 바꾸고, 학교 운영을 바꾸기 위해서는 학부모의 이해와 협력 없이는 불가능하다.

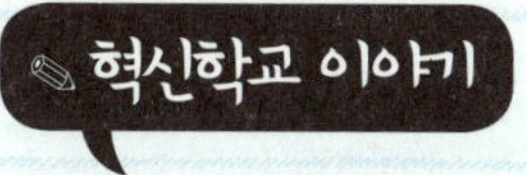

혁신학교, 그 값진 경험

장곡중학교 재학생 전혜지 님

교복을 갖춰 입고 설레는 마음으로 첫 등교를 한 그날을 지금도 기억한다.

교문에 다다를 때까지 복장이 불량하거나 지각을 하는 학생을 지도하는 학생부 선생님을 만나기가 조금 두려웠다. 그런데 이상하게도 우리 학교 학생부 선생님께서는 등교하는 학생들에게 허리를 굽혀 인사를 하고 또 학생들에게 말도 걸어주셨다. 그날 내게 학생부 선생님께서 건네주신 친근한 인사는 아직도 신선한 감동으로 남아 있다.

새로운 친구들과의 만남, 그리고 담임선생님의 짧은 소개가 끝나고 우리는 책상을 'ㄷ자'로 바꾸기 시작했다. '혁신학교는 책상 배열을 다르게 하는구나' 하고 신기했지만 처음엔 익숙하지 않아서 조금 불편했다. 물론 지금은 ㄷ자 배열이 더 편하고 집중도 잘 된다.

책상 배열뿐만 아니라 수업은 언제나 색다른 형식으로 진행되었다. 그중에서도 '모둠 수업'을 통해 모둠원들과 금세 친해질 수 있고 내가 생각하지 못한 생각을 들을 수 있게 되어 공부하는 데에 많은 도움이 되었다.

예전에는 모르는 것을 물어보는 게 창피해서 누군가에게 쉽게 질문할 수 없었는데 지금은 모둠원에게 곧장 물어서 궁금증을 해결한다. 또한 모둠원이 모르는 것을 내가 알려주면 배웠던 내용을 복습하게 되어 수업에도 더욱 충실하게 되었다.

그동안 선생님들께서는 주입식 강의로 수업을 진행하시는 게 아니라, 모둠 활동이 원활하게 잘 이루어질 수 있도록 학생들이 능동적으로 생각하고 그 생각을 공유할 수 있는 시간을 주고 누구 하나 소외되지 않게 모두에게 참여 기회를 주신다.

1학년 때에는 학교 옆 공원에 가서 '봄'이라는 주제로 시를 써보았다. 딱딱한 책상에 앉아 시를 쓰는 것보다 훨씬 부드럽고 자연스럽게 시를 쓸 수 있었다. 2학년 때에는 국어, 미술 및 기술 등 모든 과목에 대한 내용을 영상이나 뮤직비디오로 만들었다. 하나부터 열까지 우리 손으로 직접 계획하고 준비했고, 촬영과 편집도 모두 우리의 손을 거쳤다.

3학년이 되고서 처음으로 중국어를 배우게 되었는데 다른 나라의 언어를 배우는 게 쉽지 않았다. 하지만 직접 중국어 대본을 만들어 선생님께서 준비해 주신 소품을 활용해 실제로 대화하듯이 발표하면서 중국어에 점점 흥미를 붙이게 되었다.

우리 학교 학생들은 수업뿐 아니라 규칙을 만드는 데에도 모두 참여하고 회의를 통해 결정을 내린다. 우리가 직접 의견을 내고 결정하는 규칙이라서 대부분의 학생들이 그 규칙을 더욱 잘 지키는 것 같다.

무엇보다도 좋은 것은 학교에서 일어나는 크고 작은 이벤트들이다. 그중에서도 '친구 사랑의 날'에 학교에서 준비한 음식을 친구에게 먹여주던 일이 기억에 많이 남는다. 이러한 계기로 친구와 더 가까워지는 것 같았다.

선생님들께서는 격려의 말씀과 함께 프리허그, 하이파이브를 해주시거나 초콜릿을 먹여주시는데 선생님들의 기운을 받아서인지 그날은 이상하게도 힘이 솟아난다.

점심시간이나 하교시간에는 학교 운동장에 놓여 있는 크레인에 올라가 마음속에 담아 두었던 말들을 털어 놓는 '자유선언' 이벤트도 진행된다. 많은 학생들이 그 위로 올라가 속 시원하게 말하고 마음에 쌓았던 것들도 풀어서 왕따나 학교 폭력 문제 같은 것들이 예방되는 것 같다.

이런 이벤트들이 좋은 경험이 되고 추억도 된다. 나는 1~2학년 때 '또래 상담'을 하면서 사회복지사님께 많이 의지했다. 친구들의 고민을 들으면서 나도 모르게 상처 받았던 마음도 치유할 수 있었다. 나는 언제나 내 말만 하고 싶어했는데, 사회복지사님께 상담에 대해 배우면서 경청의 중요함을 알고 다른 사람의 이야기에 집중할 수 있게 되었다.

3년 동안 혁신학교를 다니면서 많은 것을 배웠다. '배움'을 즐겁게 할 수 있게 된 것이 고맙고 다행스럽다. 이제 곧 많은 추억과 좋은 경험을 선물해 준 장곡중학교를 졸업할 거라고 생각하니 섭섭한 마음이 든다.

모든 학교가 우리 학교처럼 혁신학교가 되어 내가 경험한 값진 것들을 다른 학생들도 경험할 수 있으면 좋겠다.

꿈을 현실로 바꾼 힘

2011년 9월, 학교에 새로운 교감 선생님이 오셨다. 부임 후 보름 정도가 지나자 교감 선생님이 나에게 이런 질문을 하셨다.

"교장 선생님까지 설득해서 혁신학교를 만들었다고 들었는데, 어떻게 그렇게까지 할 생각을 했어요?"

"정책에 담긴 내용이 평소 제가 꿈꾸던 학교와 똑같았어요. 교직 생활이 힘들 때마다 막연하게 그리던 학교가 있었는데 혁신학교가 바로 그런 학교였어요."

정말 그랬다. 혁신학교는 평소에 내가 꿈에 그리던 학교였다. 그런데 현실은 늘 이상과 다른 법인지라 혁신학교에 대한 이야기를 듣기 전까지 매번 상상으로만 아쉬움을 달래곤 했다.

꿈! 그저 생각만 하면 꿈으로 머무르지만 실천하면 현실이 된다. 그리고 꿈이 현실이 되는 순간 그것은 일상이 된다. 이건 내가 운동을 하면서 깨닫게 된 진리였다.

뜬금없는 이야기지만 나는 철인3종 선수다. 자랑을 덧붙이자면 알아보는 사람이 있을 정도로 유명한 선수가 되었다. 설악국제아이언맨 대회에서 1등을 한 적도 있고 2011년 제주국제아이언맨 하프 종목—수영 2킬로미터, 사이클 90킬로미터, 달리기 21킬로미터—에서는 연령대 카테고리에서 2위를 했다.

이 이야기를 하면 다들 나에게 묻는다.

"원래 운동을 좋아했어요?"

"아뇨, 운동을 죽기보다 싫어했어요. 못했으니까 더 싫어했어요. 그러다가 어느 순간, 인생을 살면서 운동 한 번 안 해보고 죽으면 후회가 될 것 같아 시작했어요."

"그런데 왜 하필 그렇게 힘든 종목을 선택했어요?"

"제일 어려운 운동인 줄 알고 시작했어요. 내 인생 처음이자 마지막으로 할 운동인데 제일 어려운 것으로 해보자 하는 생각이 들었어요. 철인3종을 시작하겠다고 마음먹고 곧장 수영장에 등록해서 발차기부터 배웠고, 자전거도 아예 타본 적이 없어서 처음엔 누가 뒤에서 잡아줘야 자전거에 오를 수 있었어요. 달리기는 고등학교 때 체력장에서 달려본 뒤 해본 적이 없었죠."

그럼 사람들은 대단하다며 혀를 내두르지만 글쎄, 이게 대단한 일일까? 누구나 10년을 투자하면 이 정도는 식은 죽 먹기보다 쉬울 텐데!

운동을 하면서 내 생활 패턴은 완전히 바뀌었다. 아침 7시에 일어나서 출근을 준비했던 내가 새벽 5시에 일어나 6시면 어김없이 4년 동안 물 속에 들어갔더니 그제야 4킬로미터 수영이 가능했다.

폐소공포증이 있는 나는 완벽한 폐쇄공간인 물이 두려웠다. 수영을 하다가도 답답해서 미쳐버릴 것 같은 두려움을 느꼈고, 시합에 나갈 때마다 발로 차고, 팔로 치고, 누르고 지나가는 선수들이 무서웠다. 가슴이 터질 것 같은 답답함과 죽을 것 같은 느낌에 엉엉 울면서 수영을 한 적도 있다. 그런데 7년이 지나고 8년째에 접어들자 더 이상 물이 두렵지 않을 뿐 아니라, 폐소공포증 자체가 없어졌다.

사이클도 기초부터 배워 9년을 탔더니 한 손을 놓고 탈 수 있게 되었다. 그런데 이게 대단한 걸까? 나야말로 대단한 운동 '부진아'이다. 다른 사람들은 1년만 타도 한 손으로 전화받고, 주머니에서 물건도 꺼내는데 나는 겨우 한 손 놓고 타는 데 9년이나 걸렸단 말인가!

만약 나에게 대단한 점이 있다면 운동을 제대로 하기 위해 10년을 꾸준히 했던 '우둔함'이 아닐까 한다.

혁신학교도 그런 것 같다.

"고생하면서 그걸 왜 해?"

다른 사람들은 내게 이렇게 묻지만 나는 고생해도 좋다. 내가 행복하고 아이들이 행복하고, 다른 교사들이 행복하니까. 내가 하지 않으면 아무도 하지 않았을 테니까, 우둔한 내가 한다.

그러면 손해인 걸까? 아무것도 하지 않는 사람에게는 아무것도 남지 않지만 무슨 일이든 도전하는 사람에게는 값진 경험이 남는다.

우리 학교 교장 선생님은 나를 꼭 이렇게 소개하신다. "혁신부장입니다. 철인3종을 해요. 혁신학교를 이끌어가려면 철인3종 정도는 해야 됩니다."

우스갯소리가 아니다. 10년 우둔한 짓을 했더니, 15시간 이상 쉬지 않고 운동할 수 있는 체력이 길러진 것처럼 남들이 하지 않는 일, 절대 안 될 것 같은 일도 10년만 하면 된다. 혁신학교도 10년 동안만 미련하게 하면 지금보다 훨씬 멋지게 운영되지 않을까?

우리 아이들에게 행복한 수업과 학교를 돌려주려고 지금도 고민하는 동료 교사들에게 말해 주고 싶다. 첫걸음이 어렵지 막상 한 걸음 떼고 나면 함께 갈 동료가 생긴다. 그리고 같은 마음을 가진 사람들이 우직하게 발걸음을 모으다 보면 어느새 목적지에 다다를 것이다.

2012년 11월 7일, 전체 수업 공개가 있었다. 3학년 수학 수업으로, 삼각비의 활용을 공부하는 시간이었다. 수업은 2011년 9월에 우리 학교에 온 교사가 진행하였다.

3학년 학생들은 삼각비를 이용해서 삼각형의 넓이를 구한 후, 공식을 유도하라는 과제를 받았다. 아이들은 수업이 시작한 지 2분 만에 모둠을 만들고 모둠에서 과제를 해결하기 시작했다.

아이들은 누가 조용히 하라고 이야기한 것도 아닌데, 모둠 속에서 낮은 소리로 소곤거리며 과제를 해결하고 있었다.

혁신학교에서 3년을 함께 공부했더니 이제 아이들은 어떤 과제를 던져주어도 서로 머리를 맞대고 진지하게 과제를 해결한다. 배움에서 소외되는 아이는 한 명도 찾아볼 수 없다.

이런 모습을 보면서 우리가 옳다는 것을 가슴 깊이 깨닫는다. '우리가 옳아. 교사가 나서서 가르치기보다 아이들의 가능성을 교사가 끌어내주는 것이야말로 아이들을 수업 속에서 주인공으로 세우는 자세야.'

아이들이 주인공인 수업 속에서 교사도 행복하고 아이들도 행복하다는 것을 우리의 자랑, 학생들을 바라보며 느낀다.

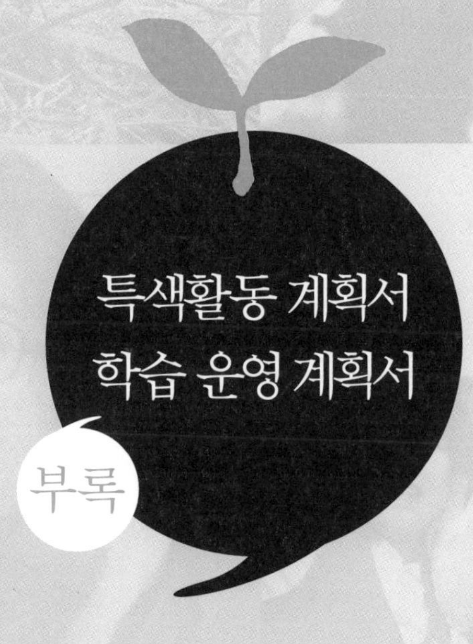
부록
특색활동 계획서
학습 운영 계획서

*현재 장곡중학교에서 활용하는 계획서와 활동지 중, 가장 요청이 많이 들어오는 항목 2가지를 골라 실었다. 되도록 원문 그대로 실으려 했으나 지면상 포함되지 않은 자료도 있다. 각 학교의 상황에 맞게 변형해서 사용하는 것이 바람직하며 더 많은 자료는 장곡중학교 홈페이지에서 내려받을 수 있다.

2013학년도 2학년
창의적 특색활동 계획서

I. 목 적

2009 개정교육과정의 '창의적 체험활동' 교육과정 실시에 따라 2학년 창의적 특색활동으로 봉사체험활동과 기초교양 프로그램(철학)을 실시함으로써

가. 봉사체험활동을 통해 실천 위주의 인성교육을 강화하고 삶의 보람을 체득할 수 있는 기회를 부여한다.

나. 기초교양 프로그램(철학)을 통해 진리를 탐구하고, 지성 교육을 통한 창의성을 함양한다.

II. 기본 방침

가. 창의적 특색활동 시간으로 연간 37시간을 운영한다.

나. 창의적 특색활동 중 봉사체험활동으로 연간 10시간, 기초교양 프로그램(철학)활동으로 연간 27시간을 운영한다.

다. 창의적 체험활동이 적용되는 2학년 모든 학생들이 참여한다.

라. 학생·학부모·교사·지역 사회가 더불어 활동하고 함께하는 창의적 특색활동이 되도록 한다.

마. 봉사체험활동의 경우 연 2회 각 5시간씩 봉사체험활동을 실시하고, 이 중에서 각 4시간씩 봉사활동 시간을 인정하여 봉사활동 확인서를 발급받는다.

Ⅲ. 각 활동 세부 운영 계획

가. 봉사체험활동

1) 목적

봉사체험의 기회를 통해

가) 건전한 집단 활동을 통한 다양한 현장 체험학습의 기회를 제공하여 자신의 소질과 능력을 계발한다.

나) 봉사활동의 의미를 이해하고, 다양한 봉사활동에 능동적으로 참여하는 공동체 의식을 갖춘 바람직한 민주시민을 양성한다.

다) 지역 사회의 일원으로 참여하는 봉사활동을 생활화하여 사회적 책임을 분담하고 호혜정신을 기른다.

라) 봉사활동을 통해 서로 협력하는 자율적인 태도를 기름으로써 삶의 보람을 체득할 수 있게 한다.

2) 운영 방침

가) 학급별로 한 학기에 5시간씩 1회, 연간 총 2회 실시한다.

나) 본교 교사(창의적 체험활동 담당 교사, 담임교사)와 학부모 봉사단인 학부모 보조 교사 3~4명이 함께 학생들을 인솔하여 봉사활동을 실시한다.

다) 활동 후 반성 평가하여 차기 활동에 반영한다.

3) 봉사활동 장소

시흥시 노인종합복지관

4) 현장 지도 교사

가) 본교 교사

- 실시일별 해당반의 창의적 체험활동 담당 교사와 담임교사 총 2명이
활동을 보조한다.

창의적 체험활동 담당 교사	
담임교사	

나) 학부모 보조 교사(학부모 봉사단)

- 실시일별 3~4명의 학부모 보조 교사가 조를 편성하여 활동을 보조한다.

5) 일정 및 활동 내용

가) 일정: 목요일 10시 40분~15시 45분(3~7교시) (단 6월 25일은 화요일)

나) 준비물: 손걸레

학기	실시일	활동 반	봉사활동내용
1학기	3월 21일	1반	자원봉사 기본 교육 노인 이해 및 특성 교육 노인생애체험 복지관 일손돕기 활동 등
	4월 11일	2반	
	5월 9일	3반	
	5월 16일	4반	
	5월 30일	5반	
	6월 13일	6반	
	6월 20일	7반	
	6월 25일	8반	
2학기	8월 22일	1반	
	8월 29일	2반	
	9월 12일	3반	
	10월 17일	4반	
	10월 31일	5반	
	11월 14일	6반	
	11월 21일	7반	
	12월 5일	8반	

6) 운영 방법

가) 버스(혁신 예산에서 충당)로 이동한다.

나) 점심식사는 복지관 1층 경로식당에서 하고, 학생 급식비를 별도로
노인종합복지관에 이체한다.

다) 학생들의 활동 영상 및 사진은 창의적 체험활동 담당 교사가 촬영한다.

7) 부서별 행정 협조 사항

가) 교육과정부

① 총괄 기획

나) 2학년부

① 업무 조정 및 추진

② 담당 교사 지정

③ 반성 평가회 진행

④ 지역 사회부

⑤ 학부모 보조 교사(학부모 봉사단) 모집

다) 교무기획부

① 해당 교사 수업조정

나. 기초교양프로그램(철학)

1) 목적

기초교양 프로그램(철학)은 나와 주변 세계에 대하여 스스로 질문을 던지고 답을 찾는 자성적 사고과정으로, 윤리학·사회정치·철학 분야를 중심으로 형이상학 및 인식론의 부분적 도입을 주 내용으로 구성하여, 의미와 논리, 사유를 위한 비판적 사고와 엄밀한 언어 사용을 통해 진리를 탐구한다. 또한 철학적 과정과 도구를 활용하여 철학과 사상 영역에서 지성 교육을 통한 창의성을 함양한다.

2) 운영 방침

가) 창의적 특색활동 37시간 중 봉사체험활동을 제외한 나머지 시간에
차시 순서대로 기초교양 프로그램(철학)을 진행한다.

나) 창의적 체험활동 담당 교사가 진행한다.

3) 연간 운영 계획

학기	차시		활동내용	비고
1학기	1	만남	삶은 만남의 연속이다.	
	2		세상 모든 것들과의 만남	
	3		당신을 만나 감사합니다.	
	4		만남은 '줄탁동시'이다.	
	5		위대한 거인을 만나다.	
	6		만남을 통한 우리의 변화	
	7	이성에 대한 사랑	이성을 좋아한다는 것의 의미	
	8		이성을 좋아하는 것의 조건	
	9		사랑에 대한 관점	
	10		좋아하는 마음의 표현	
	11	가정	행복의 원산지(너는 어디에서 왔니?)	
	12		행복 충전소(웃어요 웃어봐요)	
	13		행복 바이러스(접시를 깨자)	
	14		행복 전도사(고래를 춤추게 하자)	
2학기	15	행복	행복의 우선순위	
	16		옳음과 유익함	
	17		소유와 존재	
	18		사회와 나	
	19		사회와 나	
	20		행복한 삶	
	21		행복한 삶	
	22		행복한 삶	
	23	선과 악	선인가, 악인가?	
	24		나의 참 모습은?	
	25		나의 참 모습은?	
	26		사회의 참 모습은?	
	27		국가의 참 모습은?	
	28		선과 악의 역설	

Ⅳ. 기대 효과

가. 학부모 및 지역 사회와 함께 하는 창의적 체험활동 프로그램의 정착
으로 교육 공동체를 실현시킬 수 있다.

나. 봉사체험을 통해 더불어 살아가는 민주시민을 양성하며, 사회적 책
임을 분담하고 호혜정신을 기를 수 있다.

다. 성찰적 사고능력과 인문학적 소양이 풍부한 창의지성인을 육성할 수
있다.

라. 자발적, 비판적 사고로 세계를 조망하며, 인성과 품성을 함양할 수 있다.

마. 타인과 협력하여 총체적으로 통찰력 있는 문제해결능력을 신장할
수 있다.

바. 상황을 통합적으로 파악하고 분석하여 제어할 수 있는 능력을 신장
할 수 있다.

부록 2

2학년 교과통합프로젝트 학습 운영 계획서
— '흙 속에 담긴 낯선 기억을 찾아서'

1. 목적

1) 교과통합적 체험학습을 통해 교과지식에만 치우친 교육과정의 균형을 도모하고 획일적인 교수학습의 틀에 변화를 시도
2) 다양한 수업형태 도입을 통해 혁신학교로서의 면모를 쇄신
3) 교과 간 영역의 범위를 통합할 뿐 아니라 학교 밖의 세상과 학교 안의 통합을 시도한 교육과정으로 학습자의 신체적, 정신적 바른 성장을 도모
4) 주어진 주제에 관하여 학습자 스스로 탐구하고 표현하는 체험을 통해 창의력을 신장

2. 기본 방침

1) 통합교과적인 활동으로 실제적, 종합적 사고능력 배양
2) 관련 교과 담당교사들이 해당 일정을 진행, 지도
3) 사회의 전문적인 교육자원을 활용
4) 사후 평가회를 통해 이후 학교 계획에 발전적으로 반영

3. 교과 통합 프로젝트 전체 진행 과정

1) 통합 과목: 국어, 미술, 역사, 한문, 과학

2) 대상: 장곡중학교 2학년 10개 반 약 330명

3) 참여 교사:

과목	교사
미술	
역사	
국어	
한문	
과학	

4) 일정: 2013년 5월 27일~2013년 6월 10일(고고학 체험 및 교과활동)

   11월 전시까지 연결됨.

5) 장소: 교내 고고학 체험과 교내 교과 활동으로 이루어짐.

6) 교과별 세부 목표

과목	세부 목표
미술	• 작가적 상상력을 통해 창의력과 표현력을 기르고 현실과 가상을 오가는 예술적인 즐거움을 만끽한다. • 대지미술, 행위예술(퍼포먼스)등 포스트모더니즘 예술의 다양한 영역을 체험한다. • 문학이 결합된 미술의 기원을 이해하고 현대미술에서 어떤 방식으로 해석되는지 체득한다. • 역사 속에서의 인간의 삶, 인간의 감정을 총체적으로 이해하고 미술 문화를 향유할 수 있도록 지도한다. • 조형, 작품 위주의 수업 방식에서 문화의 관점으로 수업을 재구성하여 학습자로 하여금 미술이 사회적이고 문화적인 것들과 결합된 활동임을 인식시킨다.
역사	• 고고학 체험을 통해 우리 역사와 문화재의 소중함을 알게 하여 문화의 정체성을 함양시킨다. • 옛 사람들의 생활상을 상상해 보고, 문화유산에 대한 소중함과 자긍심을 갖도록 한다. • 발굴과 복원이 역사 안에서 어떤 중요성을 갖는지 인식하여 현재의 문화를 소중히 여기는 태도를 기른다.
국어	• 설화의 이야기 구조를 이해하고 이를 창조적으로 변용할 수 있다.
과학	• 유물의 절대연령을 구하는 방법을 알 수 있다. (방사성 동위원소의 반감기를 이용한 절대연령 구하기)
한문	• 가상 설화의 내용과 적합한 한문 문장을 만들 수 있다. • 단어의 짜임(병렬, 수식, 주술, 술빈, 술보관계)을 고려하여 문장을 만들 수 있다.

7) 진행

일정	진행	내용
사전준비 4.19 ~ 5.1	프로젝트의 의미 이해하기	미술과 수업으로 진행 : 사전 활동지
5.9 ~ 5.16	1. 역사	프로젝트 이해 시공간을 초월하는 고고학적 이해 이야기의 시대적 요소 자문
5.27 ~ 5.31	2. 국어	상상의 설화 스토리구성 방법 설명 나만의 설화 개요 작성하기
5.27 ~ 5.31	3. 한문	제조연대(사용시기)를 유추할 수 있는 유물에 적힌 한문 문장 만들기
5.27 ~ 6.10	3. 고고학 체험	발굴지 둘러보기, 발굴 방법 알기 역사 속에서 발굴의 중요성 이해하기 발굴된 유물의 보존방법 알기 발굴된 유물이 가치 있는 역사가 되는 과정 탐색
5.30 ~ 6.21	6. 미술 – 땅에 묻을 유물 제작	역사적인 사실을 이해한 후 토기나 유물 제작 (나의 설화의 증거물) 입체조형의 방법 알기
6.17 ~ 6.21	7. 미술 – 고지도 제작 위한 종이 염색	물감 외의 다른 생활재료, 자연재료 이용 생활 속의 미술 이해 염색 이해하기
6.17 ~ 6.21	8. 미술 또는 역사 – 땅에 토기 묻기	자연을 만나는 체험의 즐거움 대지미술 이해하기, 퍼포먼스 이해하기
6.10 ~ 6.14	9. 미술 – 상상의 고지도 그리기	작가적 상상력, 창의력, 표현력, 현실과 가상을 오가는 예술적인 즐거움
8.20 ~ 8.24	10. 미술 또는 역사 – 발굴 체험하기	자연과 만나는 체험의 즐거움 나의 토기가 설화, 역사가 되는 과정
8.27 ~ 8.31	11. 국어 또는 역사 – 발굴 체험기 쓰기, 프로젝트 과정 사진 찍기	소설, 보고서, 인터뷰, 포트폴리오, UCC 형식 자유롭게 선택 – 통합적 과제
11월 축제	12. 전시하기	역사, 유물이 된 나의 작품

4. 외부 체험 기관 운영계획(고고학 체험교실 문화유산교육)

해당기관	(재)한국교육문화재단 문화역사 연구부 '퍼니 고사리'	
담당		연락처
교육명	내가 찾은 우리 문화재	
교육기관	6월 3 ~ 10일 (매일 2회 2개반)	

고고학 체험 교실 목표 및 진행 계획

대상	시흥시 장곡 중학교 2학년	장소	능곡동 선사유적 공원 및 텃밭 모의 유구 현장
내용	•고고학 발굴절차 및 내용 이해 •발굴체험 　(모의발굴, 유구실측, 유물실측) •유물 복원 및 보전처리	교육 주제	•학생들의 역사 지식 신장 •우리문화유산의 사회적 가치 및 기여 제고 •학생들에게 교육을 통해 문화적 정체성 확립
교육 목표	•고고학 발굴 체험을 통해 역사에 흥미롭게 접근할 수 있는 기회를 갖는다. •발굴의 전 과정을 체험함으로써 문화재의 소중함과 보존·전승의 필요성을 깨닫는다. •'고고학'의 학문 분야와에 대해 알린다. •역사의 흐름 속에서 창출되는 문화 알린다.	교육 준비물	•진행강사 －실측도구 : 줄자, 나침반 －접합도구 : 모형 토기 •학생 －발굴도구 : 호미, 쓰레받이, 붓, 통, 지퍼백 －실측도구 : 필기구 －세척도구 : 칫솔
진행 방법	•현장 견학과 모의 발굴은 2반을 순환적으로 진행한다. •모의 발굴은 8조로 나누어 진행한다.		

장곡중학교 2학년 고고학 체험교실 진행표
각 반 총 소요 시간 총210분 (이동시간 포함)

	활동	소요시간	수업 내용	장소 및 준비물
1	고고학과 선사시대의 이해	80분	인류의 진화 과정과 신석기를 이해한다.	발굴현장 사진 및 동영상
2	모의 유구 발굴	80분	가상으로 유구의 발굴을 실시하여 발굴 조사법에 대한 것을 인지시킨다.	텃밭, 호미, 쓰레받이, 붓, 쓰레기통, 지퍼백
3	보고서 작성	20분	유구, 유물들에 의미를 부여하고 발굴한 유적지에 대해 보고서를 작성한다.	텃밭, 연필, 지우개

5. 반별 세부 계획 (※우천 시 변경될 수 있습니다.)

진행요일	진행 반		비고(외부진행도움)
5.27 월	2-1	2-2	
5.31 금	2-9	2-10	
6.3 월	2-5	2-6	
6.4 화	2-7	2-8	
6.5 수	2-3	2-4	

6. 소요예산

항목	내역	금액
자료인쇄비		
모의 유구 조성		
활동비		
강사비		

7. 지도교사 사전 협의회

1) 일시: 2013년 4월 19일 수요일 오후 2시

2) 장소: 2층 교무실

3) 참석자: 프로젝트 해당 교과 담당 교사, 2학년 부장

4) 진행: ○○○

8. 향후 계획

1) 사후 평가회 일시: 2013년 6월 24일 월요일

2) 과제물 시상: 교육과정부

3) 축제 전시: 미술과

학생용 미술 수업 활동지 1

✎ 오샘의 신나는 미술시간 2학년

'흙 속에 담긴 낯선 기억을 찾아서'– 보물지도 그리기	활동지	2학년
학번: 　　　　이름:		

이번 활동에서는	♧ 종합예술작품으로 고지도를 바라보고 읽어 보자. ♧ 우리의 이야기를 담은 가상의 보물지도를 만들어 보자.
	♠ '세상'을 담은 지도, '나'를 담는 지도

1. 지도는 상상력의 창고입니다. 지도를 읽어봅시다. (지도①)

〈카모니카족의 촌락지도〉	
1) 이 지도에서 읽을 수 있는 것을 모두 찾아보자.	
2) 예술작품으로서 이 지도는 어떤 특징이 있나요?	

2. 다른 시각으로 보는 우리나라 옛지도 (지도②, 지도③)

〈지도② 순천 송광사 지도, 지도③ 18세기 도성도〉	
예술작품으로서 이 지도들은 어떤 특징이 있나요? (그려진 것, 구도, 시점, 표현법, 다른 나라 지도와의 차이 등……)	

3. 지도를 통해 무엇을 알 수 있을까? 한 장의 지도는 무엇을 담고 있을까?

4. 작가 노트: 보물지도 아이디어 스케치하기

♧ 나의 유물이 만들어지고 묻힌 시대를 서로 이야기해 주세요.

♧ 우리 모둠의 보물지도는 어느 시대를 배경으로 그릴까요?

♧ 반짝이는 아이디어로 우리 모둠의 보물지도를 구상해 보세요.(어떤 형식이든 좋습니다.)

학생용 미술 수업 활동지 2

✎ 오샘의 신나는 미술시간 2학년

2학년 교과통합 프로젝트학습 '흙 속에 담긴 낯선 기억을 찾아서'		활동지	2학년
		학번:	이름:
이번 활동에서는	♧ 작가적 상상력을 통해 창의력, 표현력을 기르고 현실과 가상을 오가는 예술적인 즐거움을 만끽해 본다. ♧ 현재의 자신의 삶이 가치 있는 역사가 될 수 있음을 인식하고 현재의 삶을 소중히 할 수 있는 태도를 기른다. ♧ 역사 속에서의 인간의 삶, 감정을 총체적으로 이해하고 미술문화를 향유할 수 있도록 한다.		
♠ 흙 속에서 내 안에 담긴 낯선 기억을 발굴하다			

1. 과거의 기억(역사)은 현재까지 어떻게 남아 있게 되었을까?

2. 조덕현의 작업에서

1)사진작업의 방법:	
2)발굴작업의 방법:	
3)작가가 두 작업을 통해 말하고 싶은 것은?	

3. 조덕현의 발굴현장(퍼포먼스)을 보고 관객들은 어떤 느낌을 가졌을까?

4. 조덕현의 작업은 예술이라 말 할 수 있을까? Yes or No?

-예술이라고 생각한다면 그 이유는?

-아니라고 생각한다면 그 이유는?

5. 국어 시간 설화 작성 활동지 참고하기.

6. 모둠 토론: (고지도를 만들기 위한 작업)
오래된 종이를 만들기 위해 어떤 재료가 필요할까?

학생용 미술 수업 활동지 3

오샘의 신나는 미술시간 2학년

대단원명	미술과 역사	중단원명	흙속의 낯선 기억을 찾아서(교과통합)	활동지	2학년
			학번:	이름:	

이번 수행의 주제	1. 개인별 창작설화를 마무리하고 모둠별로 이야기의 연결고리를 지어보자. 2. 창작설화를 참고하여 증빙자료로써의 유물을 구상해 보자. 3. 유물제작 아이디어 스케치 및 고령토로 유물 제작

1. 자신의 설화에 등장하는 유물을 찾아보세요.

2. 유물에 얽힌 구체적인 이야기를 정리해 보세요.(용도, 목적, 의미, 유행, 시대성...)

(예 : 언제, 어디서, 누가, 무엇을, 어떻게, 왜)

✎ 창작설화를 증빙할 수 있는 유물 작품 제작계획서

주제	
재료	

다음시간에는 구체적인 이미지 자료, 개인 재료 준비

학생용 역사 수업 활동지 1

단원명	흙 속에 담긴 낯선 기억을 찾아서	2학년 반 번 이름 :
학습목표	•자신의 삶이 곧 역사임을 알 수 있다. •교과통합프로젝트의 교과별 활동을 정확하게 알 수 있다.	Special #01

 개념잡기

'흙 속에 담긴 낯선 기억을 찾아서'라는 교과통합프로젝트 제목의 의미를 생각해 보자.

1. '고고학' '민중(영웅이 아닌 역사 기록에 없는 사람)' '역사', 이것을 통합 수업의 제목에서 찾아보자.

2. 왜 기억이 흙 속에 담겼을까?

3. 현재 시흥시에서 타임캡슐에 넣을 나의 소장품을 모집하고 있는데, 나는 어떤 소장품을 시흥시에 기증하고 싶은가? 그 이유는 무엇인가?

✎ **나도 역사가**

4. 장곡중학교 운동장에서 아래의 물건이 발견되었다면, 이 물건이 묻히게 된 경로를
   생각해 보자.

✎ **정리하자~**

교과통합프로젝트 '흙 속에 담긴 낯선 기억을 찾아서' 교과별 활동을 써보자.

역사	
국어	
한문	
미술	

학생용 역사 수업 활동지 2

단원명	흙 속에 담긴 낯선 기억을 찾아서	2학년 반 번. 이름 :
학습목표	•역사를 스스로 탐구할 수 있다.	Special #02

✎ 역사 속으로

고지도에 얽힌 선생님의 이야기를 정리해 보자.

무엇을?	
누가?	
언제?	
왜?	
어디에?	
어떻게?	

✎ 한걸음 더

자, 우리 모둠에게도 고지도가 있다! 이야기를 만들어 보자.

그리고 컴퓨터실 및 해움터를 활용하여 역사적 사실과 맞도록 쓰자.

무엇을?	
누가?	
언제?	
왜?	
어디에?	
어떻게?	

학생용 국어 수업 활동지 1

✎ 즐겁고 행복한 배움의 공동체

2학년 국어	활동지 16	흙 속에 담긴 낯선 기억을 찾아서
		2학년 (　)반 (　)번 이름 (　　　　　　)

1. 발굴될 가상의 증거물을 가지고 나만의 설화를 만들어 보겠습니다.
　('조덕현의 구림마을 프로젝트'와 '주몽신화'를 참고)

배경이 되는 장소 (가장 중요!)	예) 한국의 충청도에 구림마을이란 곳이 있었다. 구림마을은 고조선 건국 전, 가장 융성하고 화려한 문명을 자랑하던 곳이었다.
배경이 되는 시대	예) 아직 한국에는 나라의 기틀이 세워지지 않아 부족간의 경쟁이 치열했다.
발굴된 유물	예) 역사학자 소미는 어느 날, 흙으로 된 개 모형이 들어 있는 집터를 발견하게 된다. 그동안 구림마을이 비둘기 구(鳩)자라고 생각했으나, 이번 모형 결과로 개 구(狗)임이 밝혀졌다. 이러한 결과로, 찬란한 문명의 구림마을의 신화가 알려지게 되었다.

주인공 및 등장인물	예) 구림마을이라는 마을에는 우간다라 울리뽕 이라는 족장과 그를 따르며 사회를 이루며 살던 주민들이 살고 있었다…… (등장인물들의 성격이나 행동 특성 등을 분명하게 정해야 스토리가 더욱 탄탄하고 재미있게 흘러갈 수 있습니다.)
유물이 땅에 묻힌 계기	예) 어느 날 구림마을에 청동무기를 앞세운 유림마을의 습격으로 도망가던 우간다라 울리뽕은 마을 구석에 그들 부족의 상징 개 모형을 부족의 집 아래에 묻어놓았다.
주요 사건의 흐름	예) 구림마을이 생겨나게 된 계기 우간다라 울리뽕의 신이한 탄생 마을의 번창 및 멸망

학생용 국어 수업 활동지 2

2학년 국어	수행평가 3	흙 속에 담긴 낯선 기억을 찾아서
		2학년 (　)반 (　)번 이름 (　　　　　)

 한문과 국사 시간의 활동을 바탕으로 활동지 16을 수정하여 한 편의 설화를 써 봅시다. (10점)

'흙 속의 낯선 기억을 찾아서' 모둠평가지

2학년   반   번

모둠학생명(,   ,   ,   )

*** 평가요소**

가. 설화의 내용과 한문 문장의 의미가 일치한가?
나. 주어진 시간 안에 문장을 완성했는가?
다. 한문 문장의 구성이 적절한가?
라. 모둠별 역할기여도는 어느 정도인가?

1. 유물에 이름을 만들어(고유명사) 한자로 변환하고, 유물의 이름을 그렇게 지은 이유를 설화 내용과 연관지어 정리하시오.(2점, 각 1점)

유물이름 ( )	설화 내용
유물에 공유한 이름을 지어한자로 표기하시오.	

2. 지명과 주인공의 이름을 한자로 변환하시오.(2점, 각 1점)

한글표기 지명 ( )		
완성된 한자표기명 ( )		
한자 ( )( )( )		
음·뜻 ( )( )( )		

한글표기 주인공 이름 ( )		
완성된 한자표기명 ( )		
한자 ( )( )( )		
음·뜻 ( )( )( )		

3. 유물에 적을 적합한 한자를 4자 이상 8자 이내로 쓰시오. (가상설화의 연대를 추정하거나 내용을 유추할 수 있는 증거가 되는 내용으로)(4점)

한자							
뜻과 음							
모둠풀이							

4. 모둠별 역할기여도(2점)

이름	구체적으로 한 역할	기여도		
		2	1	0
		2	1	0
		2	1	0
		2	1	0

희망의 학교를 꿈꾸다

초판 1쇄 2013년 8월 5일
초판 2쇄 2015년 3월 20일

지은이 | 박현숙
펴낸이 | 송영석

편집장 | 이진숙 · 이혜진
기획편집 | 박신애 · 박은영 · 임지선
디자인 | 박윤정 · 김현철
마케팅 | 이종우 · 허성권 · 김유종 · 한승민
관리 | 송우석 · 황규성 · 전지연 · 황지현

펴낸곳 | (株)해냄출판사
등록번호 | 제10-229호
등록일자 | 1988년 5월 11일(설립일자 | 1983년 6월 24일)

121-893 서울시 마포구 잔다리로 30 해냄빌딩 5 · 6층
대표전화 | 326-1600 **팩스** | 326-1624
홈페이지 | www.hainaim.com

ISBN 978-89-6574-378-1